기도의 숨겨진 삶

A Hidden Life of Prayer

by David McIntyre

기도의 숨겨진 삶

데이비드 매킨타이어 지음

이선숙 옮김

좋은씨앗

하나님께 나아가 홀로 뵙기를 소망하는 이들에게

차 례

들어가는 글 ········· 9

매킨타이어, 기도의 사람 ········· 13

01 기도가 삶이 되다 ········· 21

02 기도를 위한 준비 ········· 39

03 마음이 향하는 곳 ········· 55

04 기도와 경배 ········· 77

05 기도와 고백 ········· 93

06 기도와 간구 ········· 109

07 기도와 열매 ········· 123

08 기도와 응답 ········· 135

나가는 글 ········· 151

들어가는 글

그리스도인이라면 기도는 누구에게나 익숙한 개념입니다. 하지만 한적한 곳에 홀로 나아가 하나님과 일대일로 만나는 기도에 대한 경험은 그리 익숙하지 않습니다. 쌓인 업무와 주변 사람들로부터 떨어져 지내는 시간을 일부러 내는 것이 쉬운 일은 아니까요. 혼자 떨어져 아무것도 하지 않는 것처럼 보이는 우리의 모습을 목격한다면 사람들이 가만 놔두기나 할까요?

그런데 신약성경 곳곳에서 목격되는 예수님은 이렇게 기도하셨습니다.

예수는 물러가사 한적한 곳에서 기도하시니라(눅 5:16).

삶의 목적이 분명하셨던 예수님은 매순간을 쪼개어 바쁘게 사역하셨습니다. 무리들에게 하나님 나라의 복음을 전하시고 제자들과 온종일 함께 지내며 삶으로 가르치실 뿐 아니라 가는 곳마다 자기를 찾아오는 약하고 상처 입은 사람들도 돌보셔야 했습니다. 그럼에도 불구하고 누구보다 분주한 삶을 사셨던 예수님이 이렇게 기도하셨다고 성경은 기록합니다.

그러나 예수님은 자주 조용한 곳으로 가서서 기도하셨다(눅 5:16, 현대인의 성경).

예수님이 얼마나 자주 그리고 얼마나 오랫동안 이렇게 기도하셨는지 정확히 알 수는 없습니다. 분명한 건 예수님이 분주한 삶의 일상으로부터 의지적으로 물러나셨고 한적한 공간을 찾아가 그곳에서 하나님과 홀로 만나셨다는 사실입니다. 예수님을 닮기 원하는 이들의 첫 번째 목표는 바로 이것이어야 하지 않을까요.

그리스도인이라 불리는 우리 역시 하나님과 홀로 만날 수 있는 곳으로 물러나 기도에만 전념할 수 있는 삶의 습관을 키워가야 합니다. 습관이 영성이 되고, 영성은 능력이 됩니다. 사람들은 우리가 그곳에서 어떤 모습과 어떤 방식으로 기도하는지 알지 못하지만, 그로부터 비롯되는 능력의 근원이 삶의 현장에서 어떤 모습으로 열매 맺는지는 보게 될 것입니다. 숨겨진 것처럼 보이지 않게 골방과 한적한 곳에서 이루어지는 기도가 우리 삶의 흔들리지 않는 기초가 되었다는 사실을 또한 우리 입술의 찬양과 감사로 듣게 될 것입니다.

공간적으로 굳이 외부와 단절된 곳을 마련하기 어렵다 해도 큰 문제가 되지 않습니다. 우리의 심령이 하나님과 일대일로 맞닿을 수만 있다면 그곳이 바로 기도의 자리가 될 것이기 때문입니다. 문제는 하나님께 홀로 나아가려는 우리의 갈망과 의지일 뿐 여건이 아님을 기억하십시오.

이 책은 예수님을 닮아가기를 원하고 그래서 무엇보다 하나님께 나아가 홀로 뵙기를 소망하는 이들을 위한 필독서입니다. 우리와 같은 소망을 품고 하나님과 친히 대면했던 우리 앞의 많은 믿음의 선배들의 고백도 접할 수 있습니다. 그러면 우리 마음에 기대와 더불어 열심도 자라날 것입니다. 이 책을 덮고 나면 예전으로 되돌아가기보다 한적한 곳으로 물러나 기도하고 있는 자신의 모습을 보게 될 것입니다. 이 책이 쓰인 의도가 바로 그것이기 때문입니다.

 예수님을 닮기 원하시나요? 시간을 내어 한적한 곳으로 물러나십시오. 그곳에서 하나님과 홀로 만나십시오. 기도로 그 공간을 채우십시오. 기도의 숨겨진 삶으로부터 당신이 얼마나 풍성한 열매를 맺고 얼마나 놀라운 응답을 받는지 사람들로 보게 하십시오.

매킨타이어, 기도의 사람

젊은 시절의 존 파이퍼 목사가 이 엠 바운즈의 「기도의 능력」을 읽고 도전을 받았다면, 목회 사역의 막바지에 이르러 다시 선택한 기도의 고전은 바로 매킨타이어의 이 책 「기도의 숨겨진 삶」입니다. 존 파이퍼가 바라보는 데이비드 마틴 매킨타이어(David Martin McIntyre)는 한 마디로 기도의 사람입니다. 기도에 관한 전문가라서가 아니라 평생을 기도하며 살았기 때문입니다. 그는 현실에 뿌리 박은 신비주의자로 살면서 하나님과 끊임없이 교제를 나누었고 하나님으로부터 오는 능력으로 살아있는 말씀을 전한 설교자였습니다.

매킨타이어는 1859년 스코틀랜드 태생의 목사인 아버지 말콤 매킨타이어와 어머니 매리 앤 사이에서 셋째로 태어났습니다. 위로 형과 누나가 있었으나 둘 다 병이 들어 일찍 세상을 떠나고 홀로 자랐습니다. 사역자 가정에서 성장하면서 종교적인 분위기에 익숙해 있었기 때문에 신앙에 관한 고민은 별로 없었습니다. 그 때문인지 자신이 유년 시절 기독교 가정이라는 울타리 안에서 자라면서도 구원받은 하나님의 자녀라는 확신을 갖지 못했었다고 술회합니다.

하나님에 대한 탐구가 시작되고 그 여정이 깊어질 즈음, 익숙했던 성경의 한 구절이 갑자기 그의 마음에 섬광처럼 강한 빛을 비추었습니다. "주 예수를 믿으라 그리하면 너와 네 집이 구원을 얻으리라"(행 16:31). 동시에 그 동안 자신이 몰두했던 하나님에 대한 탐구가, 오히려 자신을 찾으시는 하나님의 탐구였다는 사실을 깨달았습니다.

잠시의 머뭇거림도 없이, 나는 예수 그리스도 앞에 나를 내려놓았고 평안을 얻었다. 그날 이후 주께서 나를 대신해 무거운 짐을 맡아주셨다는 사실을 한 번도 의심해 본 적이 없다. 겉으로는 내 삶에 큰 변화가 드러나지 않았지만 내면의 변화는 거대했다. 물론 가끔씩 하나님의 마음을 아프게 한 후회스러운 일들이 벌어지기도 했지만, 내 삶 전체를 놓고 보면 그날의 사건은 영원히 계속된 첫사랑의 봄날이 시작된 거였고 하나님은 결코 사그라들지 않는 기쁨의 근원이 되어 주셨다.

매킨타이어는 학창 시절의 대부분을 에딘버러에서 보냈는데, 졸업도 하기 전에 한 교회의 전도사로 청빙을 받았습니다. 이후 던디, 윌즈덴, 런던 등 여러 도시를 거치며 다양한 목회 경험을 쌓았고 1886년에 목사 안수를 받아 런던 칼리지 파크 교회에서 전임 사역을 시작했습니다. 런던에서 사역을 시작하고 5년째 되던 해, 자신의 멘토이자 동역자인 앤드류 보나르의 피니스턴 교회에서 공동 목회를 시작했으나 보나르의 갑작스런 죽음으로 15개월 만에 동역자를 잃고 말았습니다.

피니스턴에서 홀로 남아 사역을 계속한 매킨타이어는 점차 사람들 사이에서 이상적인 목회자이자 설교자로 알려지기 시작했습니다. 그가 사람들로부터 인정받은 덕목은 다른 게 아니었습니다. 바로 말씀을 경건하게 해석하고 힘 있게 전하는 능력이었습니다. 그의 설교는 깊고 신선했습니다. 목소리는 차분하고 평온했지만 이성과 영혼 모두에서 신실함이 묻어났습니다.

매킨타이어는 하나님의 말씀을 바르게 전하는 일에 남다른 노력을 기울였습니다. 1913년 글래스고우 성경훈련원 설립과 운영에 깊이 관여했으며 이후에는 목회와 교수직 겸임이 어려운 일임을 깨닫고 목회의 자리에서 물러나 학생들을 가르치는 일에 전념했습니다. 그가 교장으로 섬기는 동안 1천 명이 넘는 졸업생들이 배출되었고 그들 대부분이 해외 선교사로 자원했습니다.

1936년, 그동안의 사역을 기리기 위한 자리가 피니스턴 교회에 마련됐습니다. 기념식은 기쁨과 감사의 분위기로 가득했습니다. 그 자리에서 매킨타이어는 자신의 사역을 회고하며 이렇게 말했습니다.

저의 사역은 막바지에 이르렀습니다. 저의 삶도 마찬가지입니다. 왕 되신 주님의 나라 경계 안에 이미 발을 들여놓은 상태입니다. 존 번연의 말처럼, 그곳에선 신랑 되신 그리스도와 신부 사이에 맺은 언약은 날마다 새로울 것입니다. 그것은 우리에게 값없이 주어진 은혜의 언약이니까요. 우리의 의로운 행위로는 결코 가능하지 않은 사랑의 언약입니다. 그곳에서 저는 우리 주님이 이루신 완전한 구속 사역과 은혜의 언약 아래서 영원히 안식하게 될 것입니다.

매킨타이어는 1938년 3월 8일에 영원한 안식의 나라에 들어가 하나님 품에 안겼습니다. 죽음을 앞에 두고 그는 심각한 기관지염을 앓았으나 자신의 역할을 소홀히 하지 않았습니다. 평상시처럼 사역하다가 죽음을 맞이하고 싶어 했습니다. 그는 누구보다 열심히 사역에 헌신한 사람이었습니다. 어떤 사람은 그가 일과 결혼했다고 놀리기까지 했습니다. 꼼꼼하기가 병적일 정도였고, 분석적인 면에서 타고난 이성주의자였습니다.

그럼에도 그가 기도의 사람이었다는 사실을 부인하는 사람은 아무도 없습니다. 그는 보이지 않는 자리에서 무릎으로 살았던 기도자였으며, 사역 중에도 늘상 하나님과 함께 걷고 대화한 사람이었습니다. 영적 통찰력이나 초자연적인 은사는 부족했지만 시간을 들여 하나님과 만나는 일을 아까워하지 않았으며 그것으로부터 사역의 동력을 얻었습니다.

그 동력의 고갱이가 바로 이 책에 담겨 있습니다. 무엇보다 존 파이퍼, 제프 토마스, 웨인 그루뎀 같은 오늘날의 영향력 있는 목회자들이 이 책을 정기적으로 읽으며 사역의 기름부음을 회복하곤 했다는 사실이 이 책의 가치를 반증하고 있습니다.

존 파이퍼 목사는 이 책에 대해 이렇게 이야기합니다.

하나님은 합당한 때에 가장 알맞는 책을 주신다. 「기도의 숨겨진 삶」을 읽은 것은 다소 늦은 나이였지만 내게는 가장 좋은 시기였다. 서른네 살에 읽은 바운즈의 「기도의 능력」이 준 감동과 도전을 예순네 살에 이 책을 읽고 그대로 경험했다. 책의 도움을 받아 영성을 회복한다는 것이 부끄러운 일이긴 하지만, 그래도 내게 이런 책을 주심에 오히려 감사하기로 했다.

다음은 제프 토마스 목사의 말입니다.

이 책을 처음 읽은 것은 1971년이었다. 알 마틴의 집에서 처음 보게 되었는데, 마틴이 이 책을 어떻게 사용했는지 들려주었다. 그 이야기를 듣고 지금까지 나도 그 방법대로 실천하고 있다. 나는 하루 일과를 시작하기 전 매일 아침마다 교회 사역자들과 함께 이 책을 큰 소리로 읽는다. 읽을 때마다 새로운 의미를 발견하고, 죄를 깨닫게 되고 사역에 도움을 받는다. 이 책을 읽으면 기도를 두려워하지 않게 된다. 이 책에는 매킨타이어 목사의 따뜻한 영성과 하나님과의 친밀한 동행이 그대로 담겨 있다.

웨인 그루뎀 역시 이 책의 도움을 받고 있습니다.

40년 전 신학생 자격으로 필라델피아에 있는 웨스트민스터 신학교를 방문했을 때 이 책을 알게 되었고, 지금까지 반복해서 읽고 있다. 읽을 때마다 하나님은 이 책을 사용해 나의 기도를 더욱 깊게 만드시고 믿음을 강하게 해주신다.

이 책은 기도에 관한 지식을 늘여주기 위해 쓰인 게 아닙니다. 이 책은 무릎을 꿇게 만들기 위한 목적이 있을 뿐입니다. 한적한 곳으로 나아가 살아계신 하나님과 은밀히 만나도록 이끌어주는 데 초점이 있습니다. 그런 점에서 이 책을 손에 든 당신은 진실로 복된 사람입니다.

01 기도가 삶이 되다

기도는 천국의 열쇠이다.
성령께서는 우리가 믿음으로 그 열쇠를 사용하도록 도우신다.
-토마스 왓슨

북유럽의 한 성당에 가면 기도 생활을 상징적으로 보여주는 정교한 부조 벽화가 있습니다. 벽화는 세 구획으로 나뉘어 있고, 전체적으로는 "쉬지 말고 기도하라"는 바울 사도의 가르침을 생각나게 합니다. 자세히 들여다 볼까요?

첫 번째 벽화 속 거대한 성전 앞은 사각으로 넓게 트인 광장입니다. 그곳에 시장이 열렸습니다. 그곳을 가득 채운 사람들은 옹기종기 모여 무언가에 열심입니다. 껄껄거리며 대화하고 과장된 몸짓으로 자신의 뜻을 관철시키려 하며 흥정에 열을 올립니다. 어떻게든 이득을 챙기려는 사람들입니다.

그런데 한 사람이 눈에 띕니다. 그는 머리에 가시 면류관을 썼습니다. 위에서 아래까지 박음질 없이 통으로 짠 옷을 입었습니다. 조용히, 말없이 요란스런 무리들 사이를 지나갑니다. 채우기에만 바빴던 사람들의 마음이 어느새 거룩한 두려움으로 가득해집니다.

벽화의 두 번째 구획은 성전 경내를 묘사하고 있습니다. 거기서 행해지는 활동은 지금 우리 교회의 예배 장면과 같다고 보면 됩니다. 흰옷을 입은 제사장들이 여기저기 분주히 움직입니다. 등잔에 기름을 채워 넣고, 물두멍에 물을 붓고, 제단에 고인 피를 처리합니다. 모두들 보이지 않는 하나님의 영광에 시선을 고정한 채 자신들에게 주어진 고귀한 부르심을 충실히 수행합니다.

세 번째 구획은 우리를 성전 안 지성소로 안내합니다. 예배자 한 사람이 홀로 휘장 안으로 들어갑니다. 거기서 그는 하나님의 임재 앞에 잠잠히 머물면서 거룩한 쉐키나 영광 아래 겸손히 몸을 낮춥니다. 이 장면은 우리가 잘 알고 있는, 은밀한 중에 드리는 기도의 숨겨진 삶에 대한 주님의 교훈을 은유적으로 보여줍니다.

> 너는 기도할 때에 네 골방에 들어가 문을 닫고 은밀한 중에 계신 네 아버지께 기도하라 은밀한 중에 보시는 네 아버지께서 갚으시리라(마 6:6).

우리 주님은 당신의 백성이 기도하는 것을 당연시하셨습니다. 그래서 실제로 성경은 기도해야 한다는 의무를 명시적으로 말하기보다는 대개 암시적으로 표현하곤 합니다. 기도는 하나님께서 자기 백성에게 심어주신 본성이기 때문입니다. 백성으로서의 본성을 자각한 우리는 자연스럽게 살아계신 하나님께 부르짖게 됩니다. 설령 이런 본성이 죄 때문에 파괴되었다 하더라도 구원을 체험하고 나면 이 본성은 다시 힘을 얻어 깨어나게 됩니다. 이런 새 생명의 원리에 대해서는 교파와 신앙의 형태에 상관없이 모든 그리스도인이 인정하는 바입니다.

- 의로운 사람은 의를 버리지 않는 한 기도를 멈추지 않는다(크리소스토무스).
- 적게 사랑하는 사람은 적게 기도하고, 많이 사랑하는 사람은 많이 기도한다(아우구스티누스).
- 기도야말로 의로운 삶의 시작이요 끝이다(리처드 후커).
- 마음이 정결한 자는 결코 기도를 쉬지 않고, 기도를 쉬지 않는 자는 정결한 마음을 알게 된다(라콤 신부).
- 기도하지 않는 사람은 그리스도인이 아니다(존 번연).
- 기도는 새 피조물의 호흡이다(리처드 백스터).
- 기도는 영혼에 흐르는 피다(조지 허버트).

우리에겐 당연하지만 고된 기도

그럼에도 성경은 하나님과 교제하는 것이 우리의 가장 중요한 '의무'라고 강조합니다. 우리가 본성적으로 하나님께 철저히 의존할 수밖에 없는 존재이며 기도가 우리에게 너무나 당연한 것인데도 말입니다. 성경이 이렇게 기도를 끊임없이 강조하는 주된 이유 중 하나는 기도가 고된 일이기 때문입니다. 기도는 본질적으로 고된 일이고, 기도의 영을 붙들기 위해서는 어둠의 권세들과 싸워야 합니다.

독일 철학자이자 신비주의자인 야코프 뵈메는 "사랑하는 형제들이여, 제대로 기도하려면 몸을 던지는 헌신이 필요합니다"라고 했습니다. 기도는 인간의 영혼이 발휘할 수 있는 가장 숭고한 힘입니다. 그래서 기도는 영광이요 행복이면서 한편으로는 수고이자 싸움이요 고뇌입니다. 싸움에서 승리하려면 아직 멀었는데도 높이 들어올린 두 손은 벌써 떨려옵니다. 온몸이 뻣뻣해지고 숨이 가빠지면서 '하늘의 군사'인 우리는 쉽게 탈진합니다. 마음속에 밀려오는 고통으로 인해 차가운 밤이 되면 얼굴이 일그러집니다.

그 사실을 안다면 우리는 더욱 기도에 힘써야 합니다. 기도는 땅에 묶인 영혼을 하늘로 들어 올리는 것이요, 정결해진 영혼이 지성소로 들어가는 일이기 때문이니까요. 즉 하나님의 영광을 가로막고 있던 휘장을 찢는 행위입니다. 기도는 보이지 않는 것을 보고, 성령의 마음을 깨닫고, 인간이 말할 수 없는 것을 표현하고자 애쓰는 것입니다.

번연은 말합니다. "진실한 기도를 드리는 사람은, 다른 방식으로는 결코 표현되지 않는 자신의 자신의 갈망, 느낌, 감정, 소망을 하나님께 올려드리는 사람이다."

온몸의 기운을 짜내어

초대 교회 성도들에게는 강력한 기도의 힘이 있었습니다. 그들은 "기도라는 폭풍으로 천국 문을 거세게 두드리며" 천국을 침노하여 차지했습니다. 그들은 광야와 지하 감옥, 원형 경기장, 화형장에서도 "그 말하는 것이 이루어질 줄 믿고 마음에 의심하지 아니하면 그대로 되리라"(막 11:23)는 주님의 말씀을 증명했습니다. 제단의 연기가 하늘로 올라가듯 간절한 기도와 함께 그들의 영혼은 하나님께로 올라갔습니다.

데이비드 브레이너드도 "기도가 깊어지다 보면 고통스럽고 간절하게 울부짖는 때가 있는데, 기도를 끝내고 나면 완전히 지치고 힘이 빠져 똑바로 걷지도 못할 지경이 된다. 관절의 힘이 풀리고 온몸에 땀이 비 오듯 흐르고 온 세상이 다 녹아내린 것 같다"고 말했습니다.

어느 작가는 존 포스터에 대해 글을 쓰면서, 그가 교회에서 밤늦도록 기도하곤 했는데 깊은 영적 세계에 들어가 괴로운 듯 이리저리 배회하며 기도하느라 예배당 바닥이 다 닳았을 정도라고 전했습니다.

더 많은 예를 들 수 있겠지만, 성경만 보아도 능력 있는 기도에는 고통이 따른다는 교훈을 얼마든지 발견할 수 있습니다. 시편 기자는 "주의 말씀대로 나를 살리소서…주의 의로 나를 살아나게 하소서…주의 인자하심을 따라 나를 살리소서…주의 규례들을 따라 나를 살리소서…주의 이름을 위하여 나를 살리시고"(시 119:154, 119:40, 119:159, 119:149, 143:11)라고 탄원했고, 선지자는 "주의 이름을 부르는 자가 없으며 스스로 분발하여 주를 붙잡는 자가 없사오니"(사 64:7)라고 탄식했습니다.

그렇다면 우리도 이러한 탄원과 탄식을 경험해야 하지 않겠습니까? 기도가 "수고하고" "싸우고" "고뇌하는" 것임을 몸소 증명해야 하지 않겠습니까?

기도가 고될 수밖에 없는 이유

기도가 고될 수밖에 없는 이유 중 하나는 우리가 영적으로 방해를 받고 있기 때문입니다. 물 긷는 이들 사이에서, 그리고 활 쏘는 사람들에게서 요란한 소리(삿 5:11)가 나기 때문입니다. 사도 바울도 기도의 힘을 잃지 않기 위해서는 "이 어둠의 세상 주관자들과 하늘에 있는 악의 영들을 상대해야"(엡 6:12) 한다고 분명히 말합니다. 앤드류 보너 박사는,

아람 왕이 병거 지휘관들에게 작은 자나 큰 자나 더불어 싸우지 말고 오직 이스라엘 왕하고만 싸우라고 명령했던 것처럼(대하 18:30) 공중의 권세 잡은 자는 기도의 영을 대적하는 데 온 전력을 다 쏟고 있는 것 같다고 말하곤 했습니다. 기도의 영을 제압하면 승리는 따놓은 것이기 때문입니다.

때로는 우리 영혼 안에서 기도의 삶을 곧바로 망칠 수 있는 사탄의 충동이 감지될 때가 있습니다. 영혼이 메마르고 황무지를 지나고 있는 듯 느껴집니다. 온 힘을 다해 모든 생각과 감정을 그리스도 앞에 굴복시키려 하지만 더 혼란스럽고 불안합니다. 때로는 게으름이 사탄의 도구가 되어 우리를 기도의 자리에서 멀어지게 합니다.

따라서 우리는 이 모든 이유들 때문에라도 늘 부지런하고 단호하게 기도를 붙들어야 합니다. 사람들의 목숨이 자신의 기략과 용기에 달려 있음을 잊지 않는 파수꾼처럼 우리는 깨어 있어야 합니다.

열정을 되살리라

심지어 그리스도의 병사들도 믿음을 지키는 일에 해이해져서, 더 이상 근신하며 기도의 자리를 지키지 않을 때가 있습니다. 이 책을 읽는 독자들 중에도 기도의 능력을 상실하고, 하나님과 교제하는 기쁨을 잃어버리고, 마음이 굳어져서 "그러므로 어디서 떨어졌는지를 생각하고 회개하여 처음 행위를 가지라"(계 2:5)는 말씀 앞에서도 돌이키지 못하고 망설이고 있지 않습니까?

아, 반짝이다 사라지는 하늘의 별들이여!
아, 저 아래 속삭이는 물결이여!
땅과 하늘과 내가 같았구나
일 년, 일 년 전에는!

별들은 저 하늘 위에 머물고
물결은 늘 그렇듯 그 자리에 흐르건만,
한 때 내 것이었던 사랑은 잃어버렸네!
일 년, 일 년 전에!

이렇게 무디어진 분위기를 쇄신할 유일한 해결책은, 서머나의 감독 폴리카르포가 에베소에 보낸 편지의 내용처럼 "그리스도의 보혈로 사랑을 다시 불태우는 것"입니다.

우리의 무디어진 마음이 새로워지도록 성령의 도우심을 구합시다. 하나님의 사랑을 새로 깨닫게 해달라고 간구합시다. 성령께서 우리의 연약함을 도우실 것입니다. 하나님의 독생자의 자비가 임할 것입니다. 그러면 우리는 열정이 다시 살아나고 뜨겁게 사랑하며 천국을 갈망하게 될 것입니다.

기도에 몰두하는 삶

우리는 "항상 기도하고 낙심하지 말아야 합니다"(눅 18:1). 비록 낙심은 늘 우리의 기도 속에 그림자처럼 드리워 있지만 말입니다. 믿음으로 드리는 기도는 하나님과의 끊임없는 교제 속에서 가능합니다. 또 우리 영혼의 창문이 늘 하나님 나라를 향해 열려 있을 때 가능합니다. 진정한 기도의 능력은, 우리의 마음이 본능과도 같이 견고하게 하나님께 붙어 있어 세상의 일들을 벗어버리고 오직 하나님만을 생각하게 될 때 진정으로 알게 됩니다.

오리게네스의 삶은 "한 편의 끊임없는 기도"였다고 전해집니다. 오리게네스가 자신의 삶을 두고 한 말입니다. 진정한 그리스도인의 삶은 다른 무엇이 아닌 바로 이러한 기도를 통해 구현됩니다.

하나님과 그분을 믿는 성도 사이의 교제는 결코 중단되어서는 안 됩니다. 웨스트코트 주교는 "하나님이 그분의 시야를 우리에게 허락하실 때 우리는 끊임없이 기도하게 된다"고 말했습니다. 하나님의 시야를 갖게 될 때 우리 안에서 모든 덧없는 것들은 스스로 해체되고 여태껏 보지 못하던 놀라운 것들을 보게 됩니다.

기도가 지닌 의미

기도는 넓은 의미에서 우리가 하나님께 드리는 모든 예배를 통칭하는 말입니다. 우리가 수행하는 모든 의무는 어떤 의미에선 하나님을 예배하는 일입니다. 많이 들어본 "노동은 예배이다"라는 말도 같은 맥락에서 보면 됩니다. 그래서 시편 기자는 "나는 기도할 뿐이라"(시 109:4)고 선언했습니다. 사도 바울은 "모든 일에 기도와 간구로, 너희 구할 것을 감사함으로 하나님께 아뢰라"(빌 4:6)고 했습니다.

구약성경은 기도에 몰두하는 삶을 '하나님과 동행하는 것'으로 종종 이해했습니다. 에녹은 확신 가운데 하나님과 동행했고, 아브라함은 완전한 순종으로 동행했고, 엘리야는 충성을 다하여 동행했고, 레위 자손들은 화평함과 정직함으로 하나님과 동행했습니다.

또 기도하는 삶을 '하나님과 동거하는 것'으로 이해하기도 했습니다. 여호수아는 회막을 떠나지 않았다고 기록합니다. 마치 옛날에 기술공들이 왕과 함께 거하며 맡은 일을 감당했던 것과 같습니다.

또 기도는 인간의 영혼이 '거룩한 임재로 향하는 것'으로 정의되기도 합니다. 태양의 빛을 정면으로 받은 행성이 환하게 밝아지는 것처럼, 혹은 꽃들이 아름다움을 발하고 진한 향기를 풍기며 빛을 향해 온 몸을 기울이듯 말입니다.

그 외에도 기도는 '온 마음을 경외와 사랑과 찬양으로 모으는 행위'라고 표현되기도 합니다. 온갖 소란스러운 생각을 다잡으면 우리를 지배하던 충동들이 주님의 이름 앞에서 떨어져나가고 마음은 하나로 모아집니다.

하나님을 기다리는 기도

하지만 성경에 나타난 기도에 대한 이 모든 표현보다 더 친근하고 더 강렬한 인상을 주는 것은 바로 '하나님을 기다린다'는 표현입니다. 구약에는 하나님과 교제하는 삶을 하나님을 기다린다고 표현하는 구절들이 많습니다. 앤드류 데이비슨 박사는 하나님을 기다린다는 표현을 다음과 같이 아름답게 정의한 바 있습니다.

"기다린다는 것은 단순히 수동적으로 가만히 있는 것을 의미하지 않습니다. 기다린다는 것은 인내심을 가지고 또 순종하는 마음으로 고대하며 찾는 것입니다. 갈망하지만 성급히 행동하지 않습니다. 열망하지만 늦어진다고 안달하지 않습니다. 간절히 찾지만 갈팡질팡하지 않습니다. 그분이 오시지 않아도 순종하겠다고 다짐하는 것입니다. 그분이 오시지 않을지도 모른다는 생각에 우리 마음을 빼앗기는 것을 거부하는 것입니다."

저 유명한 타울러의 말을 인용하겠습니다.

"기도를 잘하는 사람이 일을 잘합니다. 가장 많이 기도하는 사람이 가장 좋은 결과를 얻습니다. 그와 하나님을 방해할 수 있는 것은 아무 것도 없습니다."

날마다 기도하는 사람의 습관

기도의 습관을 기르게 되면 다음과 같은 바람직한 모습을 갖게 됩니다.

먼저, 도움이 필요한 상황에 처했을 때 무엇보다 먼저 기도의 자리로 나아가게 됩니다. 홍해 바닷가에 선 모세 앞에는, 천둥처럼 돌진해 오는 바로의 전차들을 보고 두려움에 휩싸인 이스라엘 백성들이 있었습니다. 절실함을 안고 주님께 나아간 모세에게 주님이 응답하십니다. "너는 어찌하여 내게 부르짖느냐?"(출 14:15). 이후의 결과는 너무나 잘 알고 있습니다.

느헤미야가 아닥사스다 왕 앞에 섰습니다. 왕은 느헤미야의 내면에 가득찬 슬픔을 눈치 채고 이렇게 말합니다. "어찌하여 얼굴에 수심이 있느냐 이는 필연 네 마음에 근심이 있음이로다"(느 2:2) 이 질문으로 느헤미야가 석 달 동안 해온 기도가 응답될 문이 열렸습니다. 오랫동안 하나님께 드렸던 간절한 마음의 소망이 이루어졌음을 다음 한 구절을 통해 표현하고 있습니다. "내가 곧 하늘의 하나님께 묵도하고"(느 2:4).

또 하나님과 교제하는 사람은 더 자주 신속하게 은혜의 보좌로 나아갈 기회를 찾고 발견하게 됩니다. 사도들은 모든 의무를 십자가 밑으로 가지고 나아왔습니다. 예수님의 이름 앞에서 매번 사도들은 찬양과 경배 가운데 하늘로 향했습니다. 초대 교회 성도들은 만날 때마다 서로를 축복했고 헤어질 때마다 기도를 나누었습니다.

중세 교회 성도들은 일상의 작은 변화도 기도하라는 신호로 받아들였습니다. 예를 들어 해시계에 그늘이 지거나, 교회 종소리가 울리거나, 제비가 날아가거나, 해가 뜨고, 잎이 떨어지는 일을 기도하라는 신호로 해석했습니다.

토마스 브라운 경이 자신과 한 유명한 약속을 인용해 보겠습니다.

조용한 곳이라면 집이든, 도로든, 거리든, 어디서든 기도하자. 이 도시 어디에 있든 내가 하나님, 나의 주를 잊지 않는 한 주께서 보고 계시다는 사실을 기억하자. 교회든 마을이든 내가 머무는 곳은 다 이와 같음을 기억하자. 멀리서라도 교회를 보게 되거나 말을 타고 지나칠 때면 언제나 기도하자. 매일 기도하되 특별히 아픈 사람들을 위해 기도하자. 특히 돌봐줄 사람이 없는 모든 환우들을 위해 기도하자. 환자가 있는 집에 들어갈 때는 꼭 "하나님의 평화와 자비가 이 집에 임하기를 원합니다"라고 기도하자. 설교를 듣고 나면 꼭 기도하고 복을 빌고 설교자를 위해 기도하자.

개인 기도를 연습하라

마지막으로, 기도하는 사람은 더 많은 시간을 할애하여 하나님과 친밀한 교제의 시간을 가지려고 애씁니다. 이렇게 의도적으로 성실하게 기도의 시간을 확보할 때 그날에 필요한 생기가 공급됩니다. 거듭난 사람들은 하나님과의 교제를 통해 생명의 에너지를 얻긴 하지만, 우리 육신은 아직 "땅에 속해 있기" 때문에 기도는 점점 형식적이 될 수 있습니다. 기도를 해도 영적 만족감이 사라질 수 있습니다. 그렇게 형식적으로 기도를 계속하다 보면 결국 지쳐버립니다. 주님은 우리에게 이러한 형식적인 기도의 위험성을 상기시킵니다. 그리고 이렇게 무의미하게 하나님께 나아가는 것을 막을 수 있는 최선의 방법은 바로 '개인 기도'를 부지런히 연습하는 것이라고 말씀하십니다.

깨어 있으라

영국 공화정 시절, 주님의 종이지만 대외적으로는 잘 알려져 있지 않았던 한 그리스도인이 예배를 드리기 위해 사람들이 모인 자리에 들어와 앉았습니다. 그는 조용히 묵상하며 하나님이 움직이시기를 기다리다가 내면의 음성을 듣고 자리에서 일어났습니다. 다른 사람들은 모두 침묵했습니다. 그는 잔잔하게 그러나 간절한 목소리로 말했습니다. "깨어 있으라는 주님의 말씀을 붙드십시오."

하나님의 권능이 묻어나는 그 사람의 말은 그곳에 모인 사람들을 사로잡았습니다. 모두들 떨리는 눈동자로 그를 바라보며 아무 말도 하지 못했습니다. 잠시 후 그 사람은 다시 입을 열어 이렇게 말했습니다.

"주님이 우리에게 하신 말씀을 기억하십시오. '깨어 있으라 내가 너희에게 하는 이 말은 모든 사람에게 하는 말이니라'"(막 13:37). 그러고는 입을 다물었습니다. 그것이 전부였습니다. 하지만 그 자리에 모인 사람들은 이 사람에게서 특별한 영적 권위를 느낄 수 있었습니다. 사람들은 그 말씀의 위엄 앞에 모두 무릎 꿇고 기도하기 시작했습니다.

그리스도의 군사들이여, 그대들은 지금 적진 한가운데에 있습니다. "깨어 있으라는 주님의 말씀을 붙드십시오."

02 기도를 위한 준비

온 우주가 기도실이 되고, 어디로 가든 성령 안에 거할 때에야 모든 일이 형통하다. 기도하기 위해 하나님 앞에 나온 시간과 그 이외 다른 모든 시간들이 조화를 이룰 때 비로소 우리의 기도는 응답된다.
- 조지 보웬

우리가 부지런히 연습해야 할 '개인 기도'는 회중이 함께 모여 드리는 기도와는 다릅니다. 회중 기도와 달리 개인 기도는 겉으로 드러나지 않습니다. 기도하는 모습이 남에게 보이거나 기도하는 음성이 남에게 들리지 않습니다.

    개인 기도는 은밀하게 숨겨진 삶으로 채워져야 하며 그

래서 회중으로 모여 드리는 기도보다 훨씬 어렵고 수고로운 희생이 따릅니다. 혼자서 드려야 하는 이 기도는 무릎이 닳을 때에만 효과가 있고 고뇌하는 신음으로 기도의 공간을 가득 채우고 나서야 하늘로 올라갑니다.

하지만 기도의 능력만큼은 분명하게 드러납니다. 때로는 향기로 배어나오기도 하고 때로는 뇌성처럼 땅을 진동시키기도 합니다. 그리고 풍성한 열매가 삶으로 드러납니다. 그런 기도를 위해 별도로 준비해야 할 것은 없습니다. 다만 하나님과 홀로 만날 수 있도록 돕는 요소, 즉 조용한 장소, 조용한 시간, 조용한 마음이 필요합니다.

조용한 장소

은밀한 개인 기도를 위한 첫 번째 요소인 조용한 장소는 그래도 쉽게 마련할 수 있을 것 같습니다. 그런데 의외로 많은 신자들이 이런 조용한 장소 찾는 것을 어렵게 느낍니다. 마구 어질러져 있는 집 안에 있는 가정주부, 복잡한 도시 주택가에 겨우 몸 하나 누일 작은 방을 얻은 사회 초년생, 농사 일이 한창인 농부, 부대 안에 있는 군인, 책상 앞에 하루 종일 붙들려 있는 학생, 이 외에도 수많은 사람들이 조용하고 혼자 있을 수 있는 장소를 확보하기란 어려울 수 있습니다.

우리의 이러한 형편을 하나님께서는 아십니다. 그러므로 말 그대로 혼자서만 있을 수 있는 은밀한 공간을 억지로 만들어낼 필요는 없습니다. 우리 주님도 이와 비슷한 형편에 있으셨다는 사실을 떠올려보면 위안을 얻게 됩니다.

나사렛 동네에 있는 목수의 집에는 적어도 9명이 한 지붕 아래 살고 있었습니다. 예수님, 어머니 마리아, 아버지 요셉, 예수님의 남자 형제 네 명, 그리고 여자 형제도 적어도 두 명은 있었습니다.

또 허름한 집 내부를 상상해 보면 거실이 하나 있고, 작업실이 있고, 주방 역할을 하는 내실도 있었을 것입니다. 내실에는 그날 먹을 음식과 주방 기구들, 장작 같은 것들이 쌓여 있었겠지요. 이 어두컴컴한 내실은 안에 걸쇠도 달려 있어서 아마 목수의 아들이었던 예수님께는 이 방이 기도실이었을 겁니다. 성전 안에 있는 지성소만큼이나 거룩한 장소였을 테죠.

나중에 예수님이 공생애 사역을 시작하신 후에는 더더욱 조용한 장소를 찾기가 힘들어졌습니다. 예수님은 가는 곳마다 몰려드는 군중들 때문에 편히 쉴 장소조차 찾을 수가 없었습니다. 그래서 예수님은 하나님과 간절히 교제하고 싶을 때면 산으로 올라가셔야 했습니다. 산 속 차가운 새벽 공기는 예수님의 간절한 기도를 목도했습니다.

머리 둘 곳 없던 예수님은 명절을 맞아 예루살렘에 가실 때면 겟세마네 동산에서 '쉬곤' 하셨습니다. 그곳에서 주님은 감람나무 아래 무릎을 꿇고 밤새 기도하셨습니다.

어떤 장소건 세상과 구별되어 조용히 있을 수 있다면 그곳이 기도실입니다. 성경이 기록하는 우리 믿음의 선진들은 어땠을까요? 이삭은 들판으로 나가 묵상했습니다. 야곱은 얍복 나루에서 모든 일행을 다 건너가게 한 후, 그 강둑에서 기도했습니다. 거기서 하나님을 만났습니다. 모세는 호렙 산에서 양을 치다가 여호와의 영광을 보았습니다. 엘리야는 아합을 내려보내 먹고 마시게 하고 정작 자신은 갈멜산 꼭대기로 올라가 기도했습니다. 다니엘은 한때 에덴동산을 흐르던 힛데겔 강가에서 수주 동안 기도했습니다. 또 바울이 드로아에서 앗소까지 걸어서 가고자 한 것은 분명 방해받지 않고 기도할 기회를 얻으려 했기 때문일 겁니다.

이처럼 하나님을 의지한 믿음의 사람들은 더 좋은 장소를 찾을 수 없다면 사람들로 들어찬 장소에서나 혹은 도로 한켠에서도 조용히 자신을 하나님께 드릴 수 있는 공간을 마련했습니다.

대도시에 살던 한 가난한 여인은 떼를 쓰며 잠시도 그녀를 가만히 내버려두지 않는 아이들 틈에서 아주 단순한 방법으로 기도처를 마련했다고 합니다. 그녀는 이렇게 말합니다. "앞치마를 뒤집어쑵니다. 그럼 그곳이 제 기도처가 됩니다."

조용한 시간

어떤 사람에게는 기도를 위해 조용한 시간을 내는 것이 더 어려울지도 모릅니다. 정확히 60분으로 이루어진 물리적인 '시간'을 의미하는 것이 아닙니다. 일상의 분주함을 내려놓고 세상의 기쁨을 차단한 채 오직 하나님께만 집중하는 시간을 의미합니다. 수도사들이라면 어둠이 내려앉을 때까지 한적한 들판을 거닐거나, 혹은 누구도 간섭하지 않는 혼자만의 공간에서 하나님을 만날 수 있었을 것입니다.

하지만 기계적인 삶을 반복하며 시끄러운 소음을 벗삼

아 산더미 같은 일에 치여 살아가는 우리에게는 시간이 그렇게 호락호락하지 않습니다. 그래서 늘 하나님과 교제하며 거룩하게 보내야 할 시간을 다른 용도로 사용하고 싶은 유혹을 받게 됩니다.

데일 박사는 "하루가 48시간이고 일주일이 14일이라면 아마 모든 일을 해낼 수 있을 거라고 생각하겠지만 세상사가 그렇듯 실제로 시간이 늘어나더라도 그건 불가능하다"고 말했습니다.

이 재치 있는 말 속에 진리의 편린이 담겨 있습니다. 어차피 시간은 한정되어 있으므로 바쁜 일과 속에서 경건함을 위한 조용한 시간을 확보하려면 자신을 부인하는 연습부터 필요하다는 겁니다. 무언가 재미있고 이득이 확실히 보장되는 것들을 포기해야만 합니다. 의도적으로 시간을 만들어내기 위해 대가를 치러야 합니다. 여가 시간을 줄이거나 사회활동을 포기하거나 공부를 미루거나 혹은 인간관계를 멀리해야 할지도 모릅니다.

이쯤 되면 사람들은 머뭇거리며 어떻게든 평계를 만들고 싶어 합니다. 나름의 합리적인 대안들을 제시하려 합니다. "저는 골방 같은 곳에 들어가 기도하는 시간을 자주 갖지는 못하지만 일상에서는 지속적으로 기도하는 습관을 들이려고 노력합니다." 이 말에는 지속적으로 기도하는 것이 골방에 들어가 기도하는 것보다 더 좋다는 의미가 담겨 있습니다. 사실 이 두 가지가 상반될 필요는 없습니다. 성숙한 그리스도인이라면 이 두 가지가 모두 충족되어야 합니다.

예수님의 삶을 보면 이 두 가지가 조화를 이루고 있습니다. 예수님은 늘 하나님의 사랑 안에 거하셨습니다. 예수님은 하나님과 교제하는 일에 흔들림이 없었습니다. 예수님은 바로 하나님의 아들이셨으니까요. 그런데 누가는 예수님께서 습관적으로 "한적한 곳을 찾아 기도하셨다"고 기록합니다(눅 5:16).

하지만 이 본문은 원문의 뜻을 다 담고 있지 못합니다. 딘 보건은 누가복음 5장 16절을 이렇게 해설합니다.

"한 번 물러가신 것이 아니고, 한적한 곳도 한 장소가 아니고, 기도도 한 번이 아니다. 원문에는 모든 단어가 복수로 기록되어 있다. 한적한 곳으로 물러난 것이 여러 번이었다는 의미다. 한적한 장소도 여러 곳이었음을 의미한다. 기도도 한 번이 아니라 습관적으로 드렸다는 의미다."

많은 무리들이 예수님을 만나러 몰려듭니다. 어떻게든 예수님의 말씀을 듣고 병을 고침받기 위해 가까이 에워쌉니다. 예수님은 식사할 시간도 낼 수가 없으셨습니다. 하지만 그런 와중에도 시간을 내어 기도하기를 쉬지 않으셨습니다. 예수님은 하나님의 아들이심에도 불구하고 열심히 기도할 시간을 찾으셨습니다. 예수님은 죄도 없으시고 뼈저리게 후회할 잘못도 저지르지 않으셨고 극복해야 할 불신앙도 없으시고 사랑이 메마르지도 않았습니다. 그럼에도 기도할 시간을 일부러 찾으셨습니다. 그러면 우리는 어떻습니까?

우리는 예수님의 기도가 단순히 평안하고 기쁨에 넘친 기도였다고 생각해서는 안 됩니다. 예수님의 기도는, 광야에서 천사들이 시중들던 때부터 겟세마네에서 땀방울이 핏방울이 되도록 고통스럽게 기도하시던 때까지 늘 격렬한 전쟁과 같은 기도였습니다. 예수님의 기도는 희생이었고 눈물과 탄식으로 점철된 기도였습니다.

이렇게 성육신하신 하나님의 아들이 자주 시간을 내어 기도하는 거룩한 습관을 만드셨다면, 깨어지고 쉽게 무너지곤 하는 우리는 얼마나 더 힘써야 하겠습니까?

기도의 의무를 허둥지둥 그냥 끝내버리는 것은 이를 통해 얻을 수 있는 유익을 포기하는 것과 같습니다. 물론 기도를 시간의 양에 따라 평가할 수는 없습니다. 하지만 은밀한 기도의 유익은, 우리가 의식적으로 노력해서 수고할 때에야 얻을 수 있습니다. 우리 앞에 놓인 수많은 일과를 내려놓고 기도하기 위해 우리는 '문을 걸어 잠그고' 충분한 시간을 확보해야 합니다.

아침에 눈을 뜨면 홀로 하나님 앞에 무릎을 꿇고 그날에 해야 할 일을 생각하며, 어떤 상황에 유혹이 도사리고 있을지 살펴야 합니다. 그리고 그런 상황을 이겨낼 수 있도록 기도로 대비해야 합니다. 저녁에는 그날 하루 인도하신 하나님의 섭리를 고백하고, 삶 속에 거룩해진 부분이 있는지 돌아보고, 그날 주신 교훈을 통해 배우는 시간을 가져야 합니다. 그리고 죄에 대해 늘 깨어 있어서 죄를 인정하고 버릴 줄 알아야 합니다.

그 외에도 교회의 건강을 위해 기도하고, 아직 믿지 않는 사람들이 하나님께 돌아오도록 기도하고, 선교사역이 확장되기를 기도하고, 그리스도의 나라가 선포되기를 기도해야 합니다. 이 모든 기도를 번잡스러운 짧은 시간 안에

다 소화할 수는 없습니다. 충분한 시간을 가지고 조용한 장소로 들어가야 합니다.

언젠가 허드슨 테일러는 중국내지선교회를 이끄느라 너무 바빠서 낮에는 도저히 조용히 혼자 기도할 시간을 낼 수 없는 상황에 처한 적이 있었습니다. 그래서 그는 매일 새벽 2시에 일어나 4시까지 기도하고 다시 잠자리에 들어 아침에 일어나는 규칙을 정하고 실천했다고 합니다.

유대인들은 하루에 세 번, 아침, 점심, 저녁으로 따로 시간을 내어 기도하는 전통을 지킵니다(시 55:17; 단 6:10). 유대인들의 지역은 자연스럽게 정오에 쉬는 시간을 갖습니다. 그러나 이방인들의 지역은 이런 관습이 없기 때문에 반드시 의무적으로 낮 시간의 일부를 거룩하게 드리려고 애써야 합니다.

종종 많은 사람들이 하는 질문이 있습니다. 좀 더 깊게 오래 하나님 앞에 기도하기 위해서는 아침과 저녁 중 어느 시간이 좋은가를 묻습니다. 답은 사람마다 처한 상황에 따라 다를 것입니다. 하지만 무엇보다 중요한 것은 우리가 최선을 다해 하나님 앞에 나아가야 한다는 것입니다.

조용한 마음

조용한 장소, 조용한 시간 마련도 어렵지만 우리 대부분은 조용한 마음 갖기를 가장 어려워합니다. 중세 시대 수도사들은 침묵 속에서 자신을 하나님 앞에 드리는 습관을 길렀습니다. 하나님께서 입술에 할 말을 주시고 마음에 생각나게 하실 때까지 잠잠히 기다렸습니다. 스테판 거널은 걸려 있는 큰 종을 치는 것보다 그 종을 그냥 걸어 두는 것이 훨씬 어렵다고 말한 바 있습니다. 맥체인은 자신의 기도 시간 중 많은 부분이 기도를 준비하는 데 소요된다고 말하곤 했습니다.

영국 청교도 비커스테스는 이렇게 고백한 적이 있습니다. "말씀을 읽을 때면 내 마음이 너무나 강퍅하다는 사실을 알게 됩니다. 이런 마음으로는 사냥꾼 앞에 있는 한 마리 새처럼, 하나님 임재 앞에 도저히 설 수 없을 것같이 느껴집니다." 번연도 자신이 경험한 바를 이렇게 술회합니다. "기도를 처음 시작할 때면 내 마음에 수많은 구멍들이 보입니다. 하나님의 임재 앞으로 나아가지 못하게 하는 수많은 함정들이 파여 있습니다."

우리의 마음을 하나님 앞에 고정시킬 수 있는 위대하지

만, 단순한 세 가지 믿음의 실천 방법이 있습니다.

먼저, 그리스도가 죽으심으로 우리가 하나님께 받아들여졌다는 사실을 기억하는 것입니다. 동서양 교회를 막론하고 순례자들이 예루살렘에 도착하면 휴식을 취하기도 전 제일 먼저 가는 곳이 바로 예수님이 고난 받으시던 장소입니다. 기도할 때도 우리가 제일 먼저 취해야 할 행동은 그리스도 보혈의 능력 앞에 우리 심령을 내려놓는 일입니다. 이스라엘에서 대속죄일에 대제사장이 성소 휘장을 통과할 수 있는 것도 이 보혈의 능력 덕분이었습니다. 우리가 하나님의 임재 앞으로 나아갈 특권을 얻은 것도 바로 하나님의 약속대로 어린양이신 그리스도가 희생제물로 드려졌기 때문입니다.

히브리서는 이렇게 선언합니다. "형제 여러분, 그러므로 우리는 예수님의 피로 떳떳하게 지성소에 들어갈 수 있게 되었습니다. 그분은 우리를 위해 자신의 몸인 휘장을 찢어 새로운 생명의 길을 열어 놓으셨습니다. 우리에게는 하나님의 집을 다스리는 위대한 대제사장이 계십니다. 우리가 이미 마음이 피뿌림을 받아 악한 양심이 깨끗해졌고 우리의 몸도 맑은 물로 씻었으니 이제부터는 진실한 마음과 확고한 믿음으로 하나님께 나아갑시다. 약속하신 분은 신실하신 분이십니다. 우리가 고백하는 희망을 굳게 붙듭시다"(히 10:19-23, 현대인의 성경).

> 나는 지금껏 죄를 짊어지고 걸었네
> 하지만 이제부턴 나를 위해 죽으신
> 어린양의 보혈,
> 그 안으로 들어가네.

다음은 우리를 도우시는 성령님의 은혜를 고백하고 받아들이는 것입니다. 성령님이 계시지 않는다면 우리의 어떤 것도 거룩할 수 없고 선할 수 없습니다. 우리가 하나님을 향해 "아바 아버지"라고 부를 수 있는 것도 성령님 덕분입니다. 성령님은 우리를 위해 하나님의 뜻을 구하고 그리스도의 뜻과 의지를 우리에게 알려주십니다. 또 우리의 연약함을 도우시고 "하나님의 뜻을 따라" 우리를 위해 간구하십니다.

바울은 성령이 우리를 어떻게 도우시는지 잘 설명하고 있습니다. "우리가 다 수건을 벗은 얼굴로 거울을 보는 것

같이 주의 영광을 보매 그와 같은 형상으로 변화하여 영광에서 영광에 이르니 곧 주의 영으로 말미암음이니라"(고후 3:18).

기도하기 위해 혼자만의 장소에 들어가면 먼저 겸손함과 신뢰함으로 우리 자신을 하나님 앞에 내려놓아야 합니다. 그리고 우리 마음을 열어 성령께서 오셔서 채우시도록 해야 합니다.

그러면 우리는 성령을 통해, 비록 우리의 유한한 마음과 죄에 물든 입술을 통해서지만 하나님이 원하시는 간구를 "말할 수 없는 탄식으로" 표현하게 되고 그리스도께 온전히 의탁하게 됩니다. 성령의 도움 없이는 기도는 너무나도 어려운 일이 됩니다. 이것을 익히 경험한 한 사람이 이렇게 말했습니다.

"저는 기도하려고 하나님 앞에 나아가는 것이 힘듭니다. 하나님 앞에 나아가서도 하나님과 함께하는 것이 매우 힘듭니다. 그래서 제일 먼저 하나님께서 제 마음을 만져주셔서 그리스도에게 집중할 수 있게 해달라고 성령님께 간구합니다.

또한 기도할 때마다 뭘 기도해야 할지 모를 때가 많습

니다. 장님처럼 눈 앞이 캄캄할 뿐입니다. 오직 주의 은혜만 바랄 뿐입니다. 성령께서 우리의 연약함을 도우시길 기도합니다."

마지막으로 성령이 가장 잘 사용하는 무기인, 깨닫게 하시고 위로하시고 회복시키시고 나무라시는 하나님의 말씀을 붙들어야 합니다. 우리는 기도를 시작하면서 성경을 의지해야 합니다. 성경 말씀에 마음을 모으고 하나님의 임재 가운데 그 말씀을 묵상하면서 우리의 '혼란스런' 마음이 잠잠해지도록 해야 합니다. 활자화 된 글이 영원한 말씀으로 다가올 때까지 말씀 앞에 머물러야 합니다.

조지 뮬러도 성경 앞에서 자신의 마음을 진정시킨 후에야 기도할 수 있었다고 종종 고백하곤 했습니다. 침묵을 깨는 것은 하나님의 우선권이 아닐까요? 성령의 도우심을 받아 하나님께 나아가고 하나님 앞에서 마음을 열 수 있을 때, 하나님이 먼저 말씀하실 겁니다.

> 너희는 내 얼굴을 찾으라 하실 때에 내가 마음으로 주께 말하되 여호와여 내가 주의 얼굴을 찾으리이다 하였나이다(시 27:8).

하나님의 뜻을 따라 하나님이 먼저 말씀하실 때 우리의 모든 기도 행위에 질서가 잡히는 게 맞지 않을까요? 하나님 앞에 고요히 머무릅시다. 그러면 하나님께서 우리를 만지시고 우리에게 말씀하시며 우리를 움직여 가실 것입니다.

내 마음 안에 영원히 침묵의 장소를 두겠습니다.
그곳은 거룩하고 고독한 곳입니다.
그곳에서 나는 당신의 십자가를 기억하겠습니다.
아주 조용한 정원, 아무도 지나가거나 쉬어가지 않은 곳,
그 거룩한 곳에서 당신의 자비와 당신의 사랑을 보겠습니다.

03 마음이 향하는 곳

사탄은 믿음의 기초 혹은 신실함의 기초를 공격한다.
-존 리빙스턴

오래 전 영국 에식스에서는 하나님의 말씀을 기초로 자신들만의 신앙 원칙과 행동 규범을 세우고자 하는 이들이 모였습니다. 그들은 당시의 주류 교인들과 자신들이 어떤 식으로든 달라야 한다고 생각했습니다. 그래서 어떤 규례와 절차대로 예배하는 것이 맞는지 심도 있게 논의했습니다. 그날 특별히 논란이 된 주제는 기도하는 자세였습니다. 예를 들어 일어서서 기도하는 것이 좋은지, 무릎을 꿇고 하는 것이 좋은지, 혹은 머리에 무언가를 덮는 것이 좋은지 아닌지 같은 문제였습니다. 논의를 거친 결과, 정말 중요한 것은 신체적으로 어떤 자세를 취하느냐가 아니라 '마음의 방향'이라는 결론이 났습니다. 몸의 자세는 마음이 간절히 바라는 바를 가장 잘 표현하는 것이면 된다는 데 합의한 것입니다.

하나님께 나아가 기도를 드릴 때 몸의 자세와는 상관없이 마음의 방향을 바르게 잡는다는 것은 무슨 의미일까요? 개인 기도이든 회중 기도이든 기도의 결과를 바꿀 수도 있는 마음의 방향에 대해 살펴봅시다.

하나님의 임재를 인식하기

먼저 우리는 '하나님의 임재' 앞으로 나아가야 합니다. 하나님은 어느 곳에나 편만하십니다. 땅과 하늘을 채우고 계신 하나님은, 아주 특별하고 인상적이게도 은밀한 장소에 '거하십니다.' 대기 중에서 발생한 전기의 힘이 강력한 번개가 되어 땅에 꽂히듯이 하나님의 임재도 기도를 위해 마련된 조용한 장소에서 생생해지고 강력해집니다. 그렇게 강력해진 하나님의 임재를 우리가 경험해야 합니다. 위대하신 창조주 하나님 앞에 우리가 머물러 있음을 깨달아야 합니다. 제레미 테일러 주교의 힘찬 웅변에도 이러한 원리가 강조되고 있습니다.

"종교 행위를 시작할 때, 먼저 경배하십시오. 엄숙하게 하나님께 엎드리십시오. 하나님의 임재 앞에 자신을 내려놓으십시오. 그런 다음 믿음의 눈으로 하나님을 바라보십시오. 하나님만이 경배의 대상이요, 소망의 근거요, 복의 근원인 것처럼 오직 그분만 갈망하십시오. 하나님께 나아가 자신을 내려놓고 그분의 임재 앞에 무릎을 꿇을 때 그 이후의 기도가 하나님의 뜻과 합을 이룰 수 있기 때문입니다."

우리 아버지는 은밀한 곳에 '거하십니다.' 그곳에 임재하시는 하나님을 인식할 수 있을 때 우리의 기도는 비로소 시작될 수 있습니다. 은밀한 곳에 거하시는 하나님의 임재를 의식하며 찬송 가운데, 그분의 아름다우심을 묵상하는 가운데 우리의 기도는 바르게 시작될 수 있습니다. 잠잠히 기다리며 하나님의 음성에 귀기울일 때 우리는 하나님의 임재하심을 결코 놓치지 않을 것입니다.

임재하시는 하나님 앞에서 "하늘에 계신 우리 아버지"를 진실하게 고백할 수 있는 사람은 자신이 깨닫기도 전에 종종 하늘로 들어 올려집니다.

그러나 페넬롱은 탄식합니다.

"아, 이 얼마나 드문 일인가! 우리 영혼이 하나님의 음성을 들을 수 있도록 충분히 침묵을 지키는 일이 얼마나 드문 일인가!"

우리의 귀는 잘못 훈련되어 있습니다. 어쩌면 우리는 멀리 있는 숲에서 작은 나뭇가지가 부러지는 소리는 들을 수 있지만 정작 가까이 있는 거대한 나이아가라 폭포 소리는 듣지 못하는 건 아닌가요? 임재하시는 하나님의 음성에 귀기울이는 것이 이토록 어려운 일인지 고민해본 적이라도 있다면 그나마 다행스런 일 아닌가요?

하나님의 임재를 늘 연습하며 살았던 로렌스 형제는 이렇게 말합니다. "정해진 기도 시간도 제게는 평소와 같이 하나님의 임재를 연습하는 시간입니다. 저는 때로 제 자신을 조각가 앞에 놓인 돌이라고 생각합니다. 조각가는 저를 가지고 조각상을 만들겠지요. 저는 제 자신을 하나님 앞에 드려 하나님의 온전한 형상이 제 영혼 안에 새겨지기를 기도합니다. 온전히 주님을 닮기를 기도합니다. 또 어떤 때는 기도하면서 나의 힘이나 의지와 상관없이 영혼이 높이 올라가는 것을 느낍니다. 그렇게 계속 올라가다 완전한 안식의 자리인 하나님의 임재로 완벽히 들어가게 됩니다."

하나님의 임재를 찾고 구하고 인식하고 깨달아야만 우리 영혼은 바르게 기도할 수 있습니다. 브롬그로브 출신 존 스필즈버리는 그리스도를 간증했다는 이유로 우스터 감옥에 수감되었을 때 이런 증언을 했습니다. "이제 옛날처럼 감옥이 두렵지 않습니다. 제게 있어 감옥은 수많은 천군천사들이 지켜주는 궁궐이니까요." 비슷한 상황에 있던 또 다른 사람도 이렇게 증언했습니다. "예수님을 생각하니 감옥의 돌이 모두 루비처럼 빛났습니다."

우리도 마찬가지입니다. 우리가 주님과 더불어 친밀한 교제를 나눌 수 있다면 우중충하던 방도 사파이어나 홍보석처럼 빛나고, 하나님의 영광에 의해 모세의 얼굴이 눈부시게 빛나던 시내산처럼 될 수 있습니다.

하나님과의 교제를 위해서라면

하지만 하나님의 임재를 인식할 때 놀랍게도 우리의 감정에 별다른 변화가 없을 수 있습니다. 많은 고뇌와 무거운 짐을 지고 하나님 앞에 나왔을 때, 오히려 우리의 심령이 하나님의 손 아래 마치 죽은 것처럼 놓일지도 모릅니다. 그러면 기쁨도 사라질 수 있겠지요.

그렇다고 기도의 힘이 약해져서는 안 됩니다. 오히려 기도를 방해 받지 않기 위해 우리는 몇 배로 힘을 쏟아야 합니다. 그렇게 어둠을 뚫고 하나님께로 올라간 기도는, 안락한 시절에는 한 번도 경험하지 못하는 큰 복을 우리에게 안겨줄 것입니다. '절망의 땅', '어둠의 질곡', '지옥의 한복판'에서 올라온 기도에는 그만큼 더 풍성하고 영광스러운 능력이 있습니다. 이와 동시에, 하나님의 훈풍이 은혜의 보좌에서 불어오고 봄기운이 왕의 정원에 만연하는 특별한 시절이 찾아오기도 합니다.

스코틀랜드의 설교자들은 하나님께 가까이 나아가는 것에 대한 설교를 즐겨 했습니다. 로버트 브루스의 일화 중에도, 어느 날 아침 두 사람이 그를 방문했을 때 이렇게 말했다는 기록이 있습니다.

지금은 돌아가세요. 당분간 누구의 방해도 받고 싶지 않습니다. 지난 밤 잠자리에 누울 때 하나님의 임재를 강하게 느꼈습니다. 그래서 지금 열심히 기도하며 하나님께 나아가기 위해 씨름하고 있습니다. 그런데 아직 하나님께 가까이 나아가지 못했습니다.

비록 너무 주관적인 모습으로 비칠 수도 있지만 하나님께로 가까이 나아가고자 하는 그의 열망만큼은 훌륭합니다. 예루살렘에 살아도 왕의 얼굴을 보지 못한다면 무슨 유익이 있겠습니까? 또 왕이 은총을 베풀기 위해 왕궁을 나선다면, 시간을 들여 그분께 나아가 얼굴을 뵙고 경배해야 하지 않겠습니까?

조나단 에드워즈도 '하나님께 가까이하려 할 때' 하나님과의 교제에 방해가 되는 것이라면 식사라도 거르겠다고 말한 적이 있습니다. "하나님과의 교제가 끊어지느니 차라리 저녁을 굶겠습니다." 갈멜산에 하나님의 불이 타올랐을 때, 아합은 먹고 마시기 위해 산을 내려갔지만 엘리야는 산 꼭대기로 올라가서 땅에 꿇어 엎드렸습니다.

정직하게 기도하기

마음의 방향에 대해 언급할 때 기억할 두 번째는 '정직하게 기도하는 것'입니다. 은밀한 곳에 '거하시는' 우리 하나님은 은밀한 중에 '보십니다.' 따라서 하나님의 임재 앞에 무릎 꿇을 때 우리는 무엇보다 정직해야 합니다.

여기서 고민이 생깁니다. "정말 우리의 생각이나 감정 등을 노골적으로 말해도 될까요? 오히려 하나님을 화나게 하진 않을까요?" 우리는 하나님께 기도할 때, 마땅히 그래야 한다고 생각하는 바를 말하려고 합니다. 그래서 많은 경우 우리의 감정과는 다른 말을 하게 됩니다. 하지만 하나님 앞에서 우리의 있는 그대로를 드러내는 것이 더 좋습니다. 하나님은 자녀인 우리가 아버지께 나아와 고백하는 것이라면 기꺼이 받아주십니다.

시편 기자는 이렇게 외친 적이 있습니다.

> 내 반석이신 하나님께 말하기를 '어찌하여 나를 잊으셨나이까'(시 42:9).

시편 기자가 "주님, 당신은 잊지 않으시는 분입니다. 내 이름을 당신의 손바닥에 새기셨습니다"라고 고백했다면 좀 더 훌륭한 표현은 될 수 있을지 몰라도 정직한 기도는 아니었을 것입니다.

한번은 예레미야가 하나님의 뜻을 제대로 파악하지 못한 적이 있었습니다. 그는 분노에 차 이렇게 외쳤습니다.

여호와여, '주께서 나를 속이시므로 내가 속임을 당했으며' 주께서 나보다 강하시므로 나를 이기셨습니다. 내가 하루종일 조롱거리가 되어 모든 사람들에게 비웃음을 사고 있습니다'(렘 20:7, 현대인의 성경).

이런 말은 변함없는 진리이신 주님 앞에 쏟아놓기에는 터무니없어 보입니다. 하지만 선지자는 자신이 느끼는 그대로를 고백했고, 하나님은 그의 말을 받아주실 뿐 아니라 거기서 그를 만나시고 복을 주셨습니다.

불평하는 기도

이 책을 읽으면서도 당장 하나님께 불만을 품은 사람이 있을 수 있습니다. 우리의 심령이 늘 하나님의 은혜를 깨달을 수 있는 것은 아니기 때문입니다. 그렇다면 정직한 기도를 하기 위해서는 아마 이렇게 고백해야 할 것입니다.

"하나님, 왜 저를 이런 식으로 대하시나요?"

우리가 누구인지 기억하십시오. 우리는 아버지 되신 그분의 소중하고 사랑받는 자녀입니다. 하나님을 경외하는 마음을 잃지 않되, 담대하게 마음속에 있는 모든 것을 감히 털어놓으십시오.

불평을 하나님의 빛 앞에 쏟아 놓으십시오. 그리고 하나님의 응답을 기다리십시오. 하나님은 반드시 우리가 쏟아놓은 불평에 대해 명확하게 진리를 밝혀주실 것입니다. 그러면 우리는 하나님이 비추시는 빛 가운데서 길을 발견할 것입니다. 하지만 이것은 하나님과 나 사이의 개인적인 문제임을 기억하십시오. 다른 사람들 앞에서 하나님을 욕해서는 안 됩니다.

스코틀랜드 록스버러의 앙크럼에서 어려움을 겪던 존 리빙스턴은 자신의 힘겨운 처지를 딛고 우리가 본받을 만한 결단을 내린 적이 있습니다. "나는 철저히 버려진 것 같다. 이 상황을 어떻게 해결해야 할지 막막하다. 하지만 나는 이 문제를 다른 누가 아닌 오직 주님께만 가지고 나아가겠다고 약속했다. 그래야 나 자신이나 다른 사람들에게 불신을 조장하거나 불평하지 않을 수 있기 때문이다."

우리가 하나님 앞에 나아갔을 때 정직함이 필요한 영역

이 또 있습니다. 분명 우리 각자의 삶에는 성령께서 사랑과 소망을 넘치도록 부어주시는 순간들이 있습니다. 우리의 기도는 하늘로 솟구쳐 올라가 보좌 앞에서 막 그 날개를 접으려고 합니다. 그때 갑자기 기억 속에서 다 완수하지 못했던 몇몇 의무와 하나님이 참아주신 나쁜 방탕한 습관들, 아직 회개하지 못한 죄악들이 떠오릅니다.

성령이 우리의 기도를 도우시는 것은 우리가 악한 것을 버리고 선한 것을 따르게 하기 위함입니다. 성령은 우리를 찾아오사 우리의 모든 죄악을 씻기고 하나님의 '소유된 자들'이 되도록 계획하셨습니다. 하지만 그 성령이 일하실 때에도 어쩌면 우리는 빛을 거부하고 하나님의 부르심을 외면할지도 모릅니다.

그렇게 되면 어둠이 우리의 얼굴을 덮고, '우리 연약함을 도우시는' 위로자도 슬퍼하십니다. 만일 우리가 그와 같은 상황에 처했다면 주님 앞에 정직하게 고백할 시간임을 기억하십시오. 주님 앞에서 여전히 죄악을 품고 있기 보단 정직한 기도의 실천을 통해 우리의 연약함을 추스르고 거룩함의 길로 올라갈 수 있습니다. 성경에는 이와 관련한 권면이 많습니다.

- 내가 나의 마음에 죄악을 품었더라면 주께서 듣지 아니하시리라(시 66:18).
- 사람이 귀를 돌려 율법을 듣지 아니하면 그의 기도도 가증하니라(잠 28:9).
- 오직 너희 죄악이 너희와 너희 하나님 사이를 갈라놓았고 너희 죄가 그의 얼굴을 가리어서 너희에게서 듣지 않으시게 함이니라(사 59:2).
- 너희가 손을 펼 때에 내가 내 눈을 너희에게서 가리고 너희가 많이 기도할지라도 내가 듣지 아니하리니 이는 너희의 손에 피가 가득함이라(사 1:15).

편지를 보낼 때 주소가 맞지 않으면 제대로 전달할 수가 없습니다. 우리의 기도도 마찬가지입니다. 우리의 기도가 하늘로 올라가 하나님께 그대로 전해지려면 있는 모습 그대로를 담대히 쏟아놓는 정직함이 필요합니다.

위그노 반란군 지도자였던 카발리에는 수년 동안 하나님과 깊은 교제를 나누었습니다. 그런데 그만 허영심에 빠져 자신의 인생을 걸었던 목적을 저버렸습니다. 그는 결국 영국으로 건너가 영국 군대에 들어갔습니다. 그리고 앤 여

왕 앞에 서게 되었는데, 여왕이 이렇게 물었습니다. "하나님이 지금도 당신을 찾아오십니까?" 카발리에는 고개를 숙인 채 아무 말도 하지 못했다고 합니다.

하나님 앞에서 우리는 우리의 있는 모습 그대로를 정직하게 내어드려야 합니다. 거기가 출발점입니다.

크리스마스 에반스도 믿음을 잃었던 경험을 전해 줍니다. "한동안 무력하고 부패한 시간이 이어졌습니다. 하지만 하나님께서 자비 가운데 나를 찾아오셨습니다. 죽은 지 나흘이나 된 나사로에게 예수님이 찾아오신 것처럼 말입니다. 나는 무릎을 꿇고 나의 죄악을 고백하면서 오래 전의 기쁨과 열정이 회복되기를 간구하기 시작했습니다. 기도의 영이 다시 임하기를 나는 울며 간구했습니다. 주님께 온전히 나 자신을 있는 그대로 맡겼습니다. 오랫동안 눈물을 흘렸고 예수 그리스도의 이름을 간절히 불렀습니다. 그리고 그 산 위에서 하나님 앞에 내 마음의 모든 소원을 쏟아 냈습니다." 이후에 그가 얼마나 달라진 삶을 누렸는지는 짐작하고도 남음이 있습니다.

하나님을 향한 의지

반면, "만일 우리 마음이 우리를 책망할 것이 없으면 하나님 앞에서 담대함을 얻고 무엇이든지 구하는 바를 그에게서 받게" 됩니다. 이것은 "우리가 그의 계명을 지키고 그 앞에서 기뻐하시는 것을 행"하기 때문입니다(요일 3:21-22).

중세 기독교 저술가들은 '순전한 의도'와 '바른 의도'를 구분하고자 했습니다. '순전한 의도'는 성화의 열매이고, '바른 의도'는 성화의 상태라고 구분했습니다. 전자는 성화의 과정을 통해 훈련되고 다듬어진 의지를 말하고, 후자는 하나님의 발 앞에 온전히 엎드리겠다는 의지를 말합니다.

하나님께 나아가는 자들에게 하나님이 원하시는 것은 '바른 의도'입니다. 즉 자신의 뜻을 완전히 포기하고 하나님의 선하고 온전하신 뜻을 기쁘게 받아들이겠다는 의지입니다. 이와 관련해 우리는 예수님이 기도하시는 장면에서 가장 본받을 만한 모습을 보게 됩니다.

십자가 고난과 죽음을 앞둔 예수님은 고뇌에 찬 간구를 '적극적인 순종'으로 바꾸셨습니다. "내 아버지여 만일 할 만하시거든 이 잔을 내게서 지나가게 하옵소서 그러나 나의 원대로 마시옵고 아버지의 원대로 하옵소서"(마 29:39).

예수님은 직접 우리에게 기도를 가르쳐주기도 하셨습니다. "예수께서 이르시되 너희는 기도할 때에 이렇게 하라… 주의 뜻이 이루어지이다"(눅 11:2). 그러므로 하나님이 기뻐하시는 뜻을 구하겠다는 의지 가운데 기도로 나아가십시오.

주님,
이 떨리는 두 손으로
보잘 것 없는
나의 의지를 붙들고 있습니다.

내가 주님 앞에
이 의지를 내려놓을 때
나의 모든 것을 내어드릴 수 있음을
당신은 아십니다.

나의 손아귀에 잡혀 있던
나의 의지는
눈물에 젖고 한숨에 물들어

더 이상 아름답지 않습니다

당신의 발등상 아래
나의 의지가 엎드러질 때
마침내 나의 기도는 올라갑니다
"당신의 뜻이 이루어지이다"

믿음으로 나아가기

마지막으로 마음의 방향과 관련해 잊지 말아야 할 것은 우리가 하나님께 나아갈 때 반드시 믿음으로 나아가야 한다는 점입니다. 성경은 우리의 기도를 들으시는 하나님이 우리의 아버지시라는 사실을 반복하여 강조합니다.

- 네 아버지께 기도하라(마 6:6).
- 그러므로 너희는 이렇게 기도하라 하늘에 계신 우리 아버지여(마 6:9).
- 적은 무리여 무서워 말라 너희 아버지께서 그 나라를 너희에게 주시기를 기뻐하시느니라(눅 12:32).
- 너희에게 있어야 할 것을 하나님 너희 아버지께서 아시느

니라(마 6:8).

- 아버지께서 친히 너희를 사랑하심이라(요 16:27).

루터는 '아버지'라는 표현이 하나님이 어떤 분이신지 압도적으로 드러낸다고 했습니다. 이 말 속에 기도의 모든 내용이 담겨 있다 할 수 있습니다.

첫째, 하나님께 불가능이란 없음을 상기합시다. 또한 하나님은 자기를 찾는 자들에게 상 주시는 분이고, 진정한 기도는 반드시 응답된다는 점도 인정하고 넘어갑시다.

하지만 하나님을 믿는다는 것은 결코 가볍거나 사소한 일이 아닙니다. 에딘버러에서 활동하던 로버트 브루스는 설교 중에 가끔 말을 중단하고 강대상 너머로 몸을 굽히며 아주 엄숙한 목소리로 "하나님이 계심을 믿는다는 것은 정말 굉장한 일입니다"라고 말했다고 합니다.

그는 몇년 동안 기도 중에 "나의 하나님"이라고 말하는 것이 정말로 도전이 되고 힘들었다고 고백하기도 했습니다. 에멘에셀 어스킨도 "'나의 하나님'이라는 말은 복음의 정수"라고 말했습니다.

연약한 우리가 살아계신 하나님을 붙들고 확신에 차서

"하나님, 나의 하나님, 우리를 축복하소서"라고 말하기 위해서는 믿음이 필요합니다. 이 믿음은 태어나면서부터 갖게 되는 것이 아닙니다. 하지만 아무리 작은 믿음이라도 능력이 있다는 사실을 기억할 때 위로가 됩니다. 로버트 블레어는 이렇게 말했습니다. "입 밖에 나오자마자 사라져버리는 우리의 말이 기도가 될 때 하늘까지 올라간다는 사실이 놀랍지 않습니까?"

사실 하나님이 은혜로 베푸시는 모든 것이 경이롭습니다. 광부의 눈이 거친 돌 속에서 반짝거리는 작은 보석을 찾아내듯이, 하나님은 우리의 불신앙 속에 숨겨진 귀중한 믿음의 조각을 찾아내십니다.

> 만일 너희에게 믿음이 겨자씨 한 알만큼만 있어도 이 산을 명하여 여기서 저기로 옮겨지라 하면 옮겨질 것이요 또 너희가 못할 것이 없으리라(마 17:20).

여기서 예수님이 말씀하신 산은 팔레스타인 북부 경계를 다 포함하는 거대한 산지를 가리킵니다.

존 번연의 천로역정을 기억하십니까? 순례자들이 기쁨

의 산지에 다다랐을 때 목자들은 그들을 경이(驚異)의 산으로 안내합니다. 멀리서 한 남자가 산 위에 서 있는 것이 보였습니다. 그는 놀랍게도 '몇 마디 말로 언덕을 이리저리 옮기고' 있었습니다. 순례자들이 그가 누구냐고 묻자 목자들이 대답했습니다.

"이 사람은 다름 아닌 위대한 은총 님의 아들로, 순례자들에게 '믿음이 무엇인지' 보여줄 뿐만 아니라 어려움을 만났을 때 '어떻게 그 믿음으로 이겨낼 수 있는지'를 보여주고 있습니다."

자녀로서의 정체성

하나님이 우리의 아버지시라는 사실을 반대편에서 바라보는 것은 또 어떤가요? 즉 우리를 자녀 삼으신 주님은 우리에게 놀라운 권세와 특권을 주셨습니다. 우리 손에 만능 열쇠를 쥐어주시고 하늘 보고의 모든 문을 열 수 있게 하셨습니다. 그 열쇠는 바로 예수 그리스도입니다.

> 하나님의 약속은 얼마든지 그리스도 안에서 예가 되니 그런즉 그로 말미암아 우리가 아멘 하여 하나님께 영광을 돌리

게 되느니라(고후 1:20).

그리스도를 통해 우리는 하나님께 가까이 나아갑니다. 그리스도 안에서 우리는 담대하게 우리의 소원을 말합니다.

랄프 어스키는 어느 주일날 저녁 홀로 기도하면서 평소와 달리 큰 자유함을 느꼈다고 합니다. "나는 은밀한 중에 하나님께 내 영혼을 쏟아놓으며 기도할 수 있었습니다. 하나님께서 하신 약속들을 이루어달라고 기도했습니다. 그리고 용서와 자비와 일용할 양식과 평안한 삶과 고통 없는 죽음과 영광스런 부활과 영원한 삶과 행복을 마음껏 간구했습니다. 오직 그리스도의 이름으로 하나님께 나아갔기에 그렇게 자유로이 기도할 수 있었습니다."

하나님께 기도할 때 우리는 예수 그리스도의 이름으로 나아갑니다. 그렇다고 그리스도의 이름을 우리 마음대로 사용할 수 있다고 생각해서는 안 됩니다. 하나님은 결코 당신의 자녀들에게 아하수에로 왕이 모르드개에게 했던 것처럼 해주시지는 않습니다. 아하수에로 왕은 모르드개에게 인장 반지를 주며 이렇게 말했습니다. "너희는 왕의 명

의로 유다인에게 조서를 뜻대로 쓰고 왕의 반지로 인을 칠지어다 왕의 이름을 쓰고 왕의 반지로 인친 조서는 누구든지 철회할 수 없음이니라"(에 8:8).

존 번연의 「거룩한 전쟁」에서 우리는 번연의 영성을 엿볼 수 있습니다. '인간 영혼' 마을 사람들은 임마누엘님에게 자신들의 소원을 간청합니다. 하지만 어떤 응답도 오지 않습니다. 시간이 흐른 후 사람들은 다시 한 번 임마누엘님에게 간청해 보기로 의견을 모읍니다.

그때 임마누엘 댁에서 일하는 경외 씨가 일어나더니 자신이 아는 주인님은 주인 댁 시종의 인장이 찍힌 간청이 아니면 받지 않는다고 말합니다. 그 동안 간청이 응답되지 않은 것도 그 이유 때문이라고 말합니다.

그러자 마을 사람들은 자신들의 간청을 적은 다음 시종의 인장을 찍으려고 합니다. 그때 경외 씨가 또 일어나서는 주인님의 시종은 자신이 직접 쓴 간구가 아니면 절대 인장을 찍지 않는다고 말합니다.

믿음으로 드리는 기도에는 성령의 중보와 그리스도의 중보가 필요합니다. 성전인 우리 안에 거하시며 말할 수 없는 탄식으로 드리는 성령의 간구를 통해, 우리의 기도는 우리의 '영원한 중보자가 되시는' 구원자 예수님께로 전달됩니다. 그러면 전례 없는 특별한 방법으로, 주의 이름을 부르는 자들이 하나님과 함께 일하는 동역자가 되는 은혜를 입게 됩니다.

04 기도와 경배

여호와께 감사하라
그는 선하시며 그 인자하심이 영원함이로다.
- 다윗

너는 기도할 때에 네 골방에 들어가 문을 닫고 은밀한 중에 계신 네 아버지께 기도하라"(마 6:6). 신약성경에서 '기도'의 의미로 가장 많이 사용되는 '기도하라'는 단어는 '누군가를 향한/에게 드리는 갈망'의 의미를 담고 있습니다. 이는 기본적으로 '청원'의 의미가 크지만 우리가 드리는 기도의 모든 내용(경배, 고백, 간구)을 아우른다고 봐도 괜찮습니다. 이

장에서는 이 세 가지 내용 중 경배에 대해 다루겠습니다.

주전 202년 카르타고의 장군 한니발을 물리치고 2차 포에니 전쟁을 끝낸 스키피오 아프리카누스가 로마로 입성합니다. 전차와 군마의 행렬이 승리의 길을 행진하며 벨리아 언덕길을 내달립니다. 아프리가누스는 과거 선인들이 피 흘린 희생의 길을 엄숙하게 지난 후 신전으로 향하는 긴 계단을 오릅니다. 두 손으로는 '승리자의 관대함'으로 금화를 후하게 뿌립니다. 군중들의 우레 같은 박수소리가 울려 퍼집니다.

환호하는 군중들 가운데에는 정복자가 뿌리는 너그러움에 감사해서 박수를 치는 사람들이 있습니다. 이방인의 위협이 사라지고 이탈리아 아름다운 평원에 평화가 찾아온 것을 기뻐하는 사람도 있습니다. 또 그 순간만큼은 자신이 누릴 이익이나 국가적 자부심은 잠시 잊고, 오로지 승리자 아프리카누스의 위대함, 즉 그의 지략, 준수한 용모, 용기, 위엄에 찬사를 보내는 사람도 있습니다.

신자가 기도 가운데 하나님께 올려드리는 경배도 이와 비슷합니다. 하나님이 날마다 베푸시는 은혜를 찬양하고, 행하신 놀라운 구원에 감사하며, 그분의 아름다우심을 고백하고 위대하심을 선포하는 것입니다.

일상의 은혜에 대한 감사

아리스토텔레스는 "기억은 영혼에 새겨진 글씨"라고 했습니다. 우리도 기억할 필요가 있습니다. 제임스 프레이저는 한때 스코틀랜드의 외딴 섬 배스락의 감옥에 갇힌 적이 있습니다. 그때 그는 하나님이 베풀어주신 은혜를 찾아 기록해 보기로 했습니다. 그리고 자신이 축복받은 사람이란 사실을 확인했습니다.

그는 이렇게 말합니다. "하나님께서 베풀어주신 수많은 은혜들을 떠올려 깊이 묵상한 일은 나에게 큰 도움이 되었다. 이 일을 통해 하나님이 나를 얼마나 사랑하시는지 그리고 내가 하나님을 얼마나 생각하는지 확실히 깨달을 수 있었고, 하나님을 더욱 사랑하게 되었다. 아…쏟아지는 눈물에 내 눈이 열려, 전에는 숨겨져 있던 것들을 보게 되었다. 내게 이보다 더 유익한 일은 없었다."

하나님께서 우리를 어떻게 인도해 오셨는지 우리도 돌아보아야 합니다. 하나님이 우리에게 베푸신 것들을 하나하나 발견하게 될 것입니다. 하나님의 은혜는 아침마다 새롭습니다. 저녁에는 그날의 열매를 기뻐하게 하십니다. 우리를 향한 하나님의 생각은 바다의 모래와 같이 많습니다. 또한 모두가 평안을 주는 것들입니다. 언제나 변함없이 베푸셔서 우리에게는 '늘 그런' '일상적인' 일로 비칠 수 있는 이러한 은혜에 대해 우리는 감사를 올려드려야 합니다. 이러한 일상적인 은혜는 삶이라는 투박한 천에 아름답게 수놓는 금실과 같습니다. 사실 이러한 일상적인 은혜는 말로 다 할 수 없는 위대한 은혜들이기 때문입니다. 한 젊은 환자가 이렇게 말했습니다. "오늘은 내 인생 가장 기쁜 날입니다. 오늘은 5분 동안이나 마음껏 숨을 쉴 수 있었습니다."

미얀마에서 복음을 전하던 아도니람 저드슨은 어느 날 집에서 몇몇 친구들과 모여, 외적인 환경을 통해 얻을 수 있는 가장 큰 행복의 경지에 대해 이야기를 나누었습니다. 친구들은 권위 있는 사람들의 말을 인용하며 자신들의 주장을 폈습니다.

그때 저드슨 선교사는 아바에서 감옥에 갇혔던 끔찍한 경험을 떠올리며 이렇게 말했습니다. "수감자들의 비참함이란 말로 표현할 수가 없네. 그런 상황에서 행복이란 걸 생각할 여유가 있었겠나? 하지만 그때야 비로소 행복이 어떤 건지 깨닫게 되었네. 이라와디 강이 잔잔히 흐르고, 선선한 바람이 부는 달 밝은 밤에, 아이를 품에 안고 아내와 나란히 자유롭게 걷는 것에 대해 어떻게 생각하나? 아마 자네들은 그 행복을 이해하지 못할 거야. 나는 그 행복을 깨닫는 데 21개월이 필요했거든. 나는 그날 밤의 행복한 순간을 떠올릴 때면 힘들었던 21개월의 감옥 생활이 전혀 아깝지 않다네. 그때만큼 감사함을 느낀 순간도 없었던 것 같네."

하지만 우리는 단지 최고로 즐거운 삶, 모든 것을 풍족하게 누리는 건강한 삶을 주신 것에 대해서만 하나님께 감사하고 있지 않습니까?

어려울 때 드리는 감사

시간이 흐르고 무언가를 잊어버리는 건 우리에게 자연스런 현상입니다. 하나님의 은혜를 경험한 사람들에게는 그 자연스런 일이 적용되어서는 안 됩니다. 우리에게는 일상에서 일어나는 모든 일 가운데 하나님의 은혜가 있음을 기억하고 잊지 말아야 할 의무가 있습니다. 의무는 잊지 않는 데서 끝나지 않습니다.

"찬송은 정직한 자들이 마땅히 할 바로다"(시 33:1)라고 구약성경은 선포합니다. 신약성경은 우리에게 "범사에 감사하라"(살전 5:18)고 말합니다. 이방인이었던 에픽테토스조차 감동을 받아 이렇게 말했습니다. "걷지도 못하는 노인인 내가 하나님을 찬양하고 다른 사람들에게 그렇게 하라고 권고하는 일 외에 무엇을 할 수 있겠습니까?" 자연의 아름다움에 대해, 좋은 사람들과의 교제에 대해, 가정의 따뜻함에 대해, 유혹을 이기고 죄악에서 벗어날 수 있음에 대해, 하나님의 관대함과 오래 참으심에 대해, 긍휼히 여기심에 대해, 그리고 그 밖에 우리가 다 알지 못하는 수많은 은혜들에 대해 우리는 끊임없이 하나님의 거룩한 이름을 높여 드려야 합니다.

> 여호와께 감사하라 그는 선하시며 그 인자하심이 영원함이로다(시 136:1).

하지만 상황이 어려워지고 시련이 하늘을 덮을 때, 그때도 우리는 하나님께 감사하고 그 이름을 높여 드려야 할까요? 네, 반드시 그래야 합니다.

시련으로 하나님의 약속은 달콤해지네.
시련은 기도에 새 생명을 불어넣고
시련은 나를 하나님의 발 앞으로 인도하네.
나를 낮추소서. 나를 그곳에 거하게 하소서.

시련에 대해서도 하나님께 감사합시다. 우리의 땅은 비좁을 수 있습니다. 하지만 임마누엘 칸트의 정원처럼 그 땅은 '끝없이 높습니다.' 공기는 상쾌하고 태양은 밝게 비칩니다. 겨울은 싸늘하지만 쾌청합니다. 봄이면 새들의 노래 소리와 꽃향기가 가득합니다. 심지어 한여름에 '물어뜯고 찢는 바람'이 불어온다 해도, 그곳에는 늘 건강을 주시는 하나님의 미소가 있습니다.

반면, '이 땅의 부유함은 완전한 가난이다'라고 말한 아우구스티누스의 말 또한 얼마나 진리입니까! 빵과 포도주를 아무리 많이 쌓아도 배고픈 영혼을 만족시키지 못합니다. 색색의 화려한 의복은 초라한 인생을 잠시 가려줄 뿐입니다. 명성의 나팔을 아무리 크게 불어도 영혼의 불협화음을 잠재우지 못합니다.

야곱에게 최고의 밤은 돌베개를 베고 하늘을 이불 삼아

자던 날입니다. 엄습하는 죽음의 그림자에 짓눌리던 날, 두려움 속에 짐승들과 함께 강 건너로 앞서 보낸 종들에게조차 비웃음을 사던 바로 그 밤, 야곱은 천사를 보았고 천사들은 야곱으로 인해 놀라고 기뻐했습니다.

예수님도 광야에서 굶주리며 시험을 겪으셨고 마침내 십자가의 고통을 당하셨습니다. 우리가 짊어져야 할 십자가는 무거울 수 있습니다. 하지만 그리 멀리 옮기지는 않을 것입니다. 하나님께서 우리에게 그것을 내려놓으라고 명하실 때 천국이 시작될 것입니다.

크리소스토무스는 콘스탄티노플에서 추방당할 때 "하나님, 범사에 감사합니다"라고 고백했다고 합니다. 우리가 그의 모범을 따른다면 우리에게 나쁜 날이란 없을 것입니다.

스코틀랜드 목사인 알렉산더 심슨은 어느 날 산책을 하다 넘어져 다리가 부러졌습니다. 사람들이 그를 발견했을 때, 그는 부러진 다리를 팔로 감싼 채 "하나님께 영광을, 하나님의 이름이 찬양을 받을지어다"라고 외치고 있었습니다. 하나님을 사랑하는 자들에게는 모든 것이 합력하여 선을 이룬다는 진리를 볼 때 그는 분명 지혜로웠습니다.

리처드 백스터는 35년 동안 쉽없는 고통의 훈련을 주신 하나님에게서 감사의 이유를 찾았습니다. 사무엘 러더포드는 이렇게 외쳤습니다. "아, 나는 주님의 풀무와 불과 망치에 너무나 많은 빚을 졌구나!"

위대한 구원에 대한 감사

하나님이 베푸신 많은 은혜를 제대로 인식할 수 있을 때, 우리의 시선은 그리스도 안에서 받아들여지던 구원의 순간으로 향하게 됩니다. 하나님의 은혜로운 언약을 통해 보장된 구원의 혜택은 어린양의 보혈을 통해 인치심을 받고 놀랍게도 우리의 소유가 되었습니다.

선물은 그리스도가 주시는 것이 아니지만,
그리스도가 친히 값을 치르셨도다.

하나님과 어린양의 보좌로부터 광야에 생기를 불어넣는 생명수의 강이 흘러나옵니다. 병에 든 물은 금방 소진되지만, 우리가 마시는 물은 끊임없이 솟아나는 마르지 않는 샘입니다. 게다가 오직 믿는 우리에게만 허락된 것입니다.

도둑들이 금방 소진되어버릴 우리의 현금을 훔칠 수는 있지만, 우리의 변하지 않는 황금, 즉 구원은 본향 깊숙한 곳에 안전하게 간직되어 있습니다.

하나님이 때로 우리가 소중히 여기는 것을 가져가실 때가 있습니다. 하지만 그것은 하나님이 구원을 주신 대가로 우리와 계산하신 것이 아닙니다. 구원은 철저한 선물입니다. 오직 그리스도의 공로로 우리에게 주어졌을 뿐입니다. 우리가 하나님의 은혜와 섭리에 따른 많은 것들을 받아 누릴 수 있지만 결국 가장 가치 있는 것은 그리스도일 수밖에 없습니다.

그럼에도 그리스도를 찬양하는 것은 가장 어려운 일입니다. 그분을 전혀 몰라서가 아니라 그분을 아는 것이 너무 크고 심오하기 때문입니다. 다음에서 청교도 토마스 보스턴이 설교라고 말한 것은 사실 찬양을 의미합니다. "그리스도에 대해 설교하는 것이 가장 힘들다는 사실을 알았다. 온 세상이 경이로움으로 가득 찼지만 그리스도에게는 그 모든 것을 능가하는 깊이와 높이가 있다."

보스턴은 이런 어려움을 알았기에, 신령한 지식을 통해 그리스도를 알게 해달라고 오랫동안 하나님 앞에 '합당하게' 기도하며 매달렸습니다. 이러한 간절함이 너무나 크고, 또 그리스도를 제대로 알지 못한다는 중압감이 너무나 커서, 그는 육체까지 상할 지경이 되었습니다.

하지만 그가 고백하듯이, 그의 영혼은 언제나 그리스도 안에서 온전한 만족과 기쁨과 사랑을 발견했습니다.

받은 은혜를 기억하라

이스라엘이 애굽에서 구원받기 직전 첫 번째 유월절이 행해졌습니다. 그때부터 이스라엘은 이 날을 '여호와 앞에서 대대로 지켜야 할 여호와의 밤'(출 12:42)으로 기억했습니다. 우리는 애굽의 속박보다 더한 속박에서 구원받았습니다. 그러니 더한 감사로 이 구원을 기억해야 하지 않겠습니까?

존 번연도 그의 사랑하는 자녀들에게 다음과 같은 권면을 하고 있습니다.

"너희의 지난 날을 마음에 깊이 새기고 기억하거라. 밤에 너희가 부르던 노래와 함께 나누던 교제를 잊지 말아라. 참으로 부지런히 살펴서 너희가 받은 하나님의 첫 은혜의 경험을 잊지 않도록 하거라. 처음에 너희를 붙잡았던 그 말씀, 양심의 가책과 죽음과 지옥에 대한 두려움을 기억하거

라. 또한 하나님 앞에서 흘린 너희 눈물과 기도를 기억하거라. 그때 너희는 탄식하며 얼마나 간절히 하나님의 자비를 구했느냐? 너희는 미살 산(시 42:6)을 잊지 말아라. 하나님께서 너희를 찾아오신 그 구유와 마구간을 잊지 말아라. 그리고 말씀을 기억하거라. 주께서 너희에게 주사 소망을 갖게 하신 그 말씀을!"

은혜의 구원의 결과로 우리가 누리게 된 유업이 얼마나 풍성하고 영광스러운지 아는 것 역시 유익한 일입니다. 그리스도의 보혈, 성령의 은혜, 하나님의 얼굴은 천국보다 귀한 세 가지 보화입니다. 그리스도의 이름에는 만 가지 기쁨의 보화가 들어 있습니다. 그리스도의 보혈을 통해 우리에게 확보된 은혜들을 생각할 때 우리가 드릴 최고의 찬양은 바로 우리 자신을 그 은혜의 상속자로 인정하는 것입니다.

찰머스 박사도 이러한 비밀을 깨달은 사람 중 하나입니다. 그의 일기를 보면 종종 이런 표현들이 나옵니다.

"이른 아침에 눈을 뜨자마자 그리스도를 나의 구주로 다시금 붙들었다." "그리스도를 나의 구주로 붙드는 일을 매일 아침 가장 먼저 행하자." "하루를 시작할 때 그리스도를 나의 구주로 분명히 고백하자. 날마다 새롭게 고백하자." "다시 한 번 확신 가운데 하루를 시작한다. 어찌 나의 구주를 다시 고백하지 않을까?" "더 자주 그리스도를 믿음으로 고백하자. 이런 습관을 통해 의의 길로 갈 수 있으리라 확신한다." "다시 한 번 복음을 통해 약속하신 것을 굳게 붙든다. '네 입을 크게 열라 내가 채우리라'(시 81:10)는 말씀을 의지해 행하리라."

비록 쓴 물에서 시작됐으나

하나님께서 우리를 어떻게 인도하셨는지 돌아보는 것은 우리가 해야 할 즐거운 의무입니다. 독일의 목회자 오토 푼케는 자신의 자서전 제목을 이렇게 붙였습니다. '내 인생에 찍힌 하나님의 발자국.'

인도하심은 때로는 마라의 쓴 물에서 시작될 수 있습니다. 하지만 그 종착지는 샘과 종려나무가 있는 엘림이 될 것입니다. 때로는 뜨거운 사막 한가운데를 지날 수도 있습니다. 그러나 결국은 하나님의 산에 도착하게 될 것입니다. 때로는 사망의 음침한 골짜기를 다닐 수도 있습니다. 하지만 주님은 결국 아름다운 약속의 땅으로 우리를 인도하실 것입니다.

하나님이 인도하시는 '바른 길'에는 늘 평안이 있고, 구원자의 영광스러운 임재가 있습니다. 우리 발밑의 울퉁불퉁한 길은 어두운 밤에도 계속되지만, 하나님의 따스한 임재가 우리 발의 등이요 우리 길의 빛이 되어줍니다. 주님의 이름은 놀랍고, 주님의 음성은 자비로우며, 주님의 손길은 완전합니다.

중병을 앓으며 자신의 임종이 머지 않았음을 깨달은 저 드슨 박사는 자신이 어느 곳으로 가야 하는지 분명히 알았습니다. 그는 아직 숨이 붙어 있을 때, 신음의 땅에서 찬양의 땅으로, 아픔의 땅에서 환희의 땅으로 멋지게 들어가기로 결심했습니다. 그는 눈물을 흘리며 소리 높이 외쳤습니다. "아, 그리스도의 사랑이여! 그리스도의 사랑이여! 지금은 그 사랑을 온전히 알지 못하나, 이제 영원토록 그 사랑을 배우게 되니 얼마나 다행스런 일인가!" 고통은 극심해지고 호흡은 막바지에 다다랐지만 그는 계속해서 외쳤습니다. "아, 그리스도의 사랑이여! 그리스도의 사랑이여!"

그의 찬양은 마지막 순간 저 하늘 위 성소를 가득 채운 새 노래의 영광에 닿을 때까지 계속되었습니다.

"그들이 새 노래를 불러 이르되 두루마리를 가지시고

그 인봉을 떼기에 합당하시도다 일찍이 죽임을 당하사 각 족속과 방언과 백성과 나라 가운데에서 사람들을 피로 사서 하나님께 드리시고 그들로 우리 하나님 앞에서 나라와 제사장들을 삼으셨으니 그들이 땅에서 왕 노릇 하리로다 하더라"(계 5:9-10).

지난 날을 기억하고, 받은 구원에 감사하며, 고난의 때에 찬양할 때, 그리고 특별히 그리스도를 찬양할 때 우리의 입술은 최종적으로 하나님을 향한 경배로 가득하게 됩니다. 우리들 대부분은 감정적으로 불안하고, 영혼의 기쁨을 누리는 경험도 드물지 모릅니다. 하지만 그리스도를 사랑하는 것은 떠들썩한 찬양의 소리보다 바른 삶의 행동을 통해 더 자연스럽게 드러날 수 있습니다. 그러다가 각각의 신실한 삶의 어느 때에 하나님과의 교제가 허락되는 순간이 있습니다. 이때는 보이지 않던 영광을 보게 되고, 감각의 베일들이 투명해져 우리를 위해 죽으시고 우리를 의롭다 하기 위해 살아나시고 지금은 하나님 우편에서 우리를 기다리시는 그분의 얼굴을 볼 수 있게 됩니다. 그리고 종국에 우리의 모든 감각과 생각과 의지는 하나님께 드리는 찬양과 감사와 경배로 모아지게 될 것입니다.

하지만 그 순간, 경배란 우리 감정을 즐겁게 하는 일이 아님을 꼭 기억해야 합니다. 경배는 본질상 "하늘에 계신 우리 아버지여 이름이 거룩히 여김을 받으시오며"(마 6:9)라고 기도할 것을 요구합니다.

05 기도와 고백

죄를 범한 영혼이 하나님 안에서 죄 사함을 발견하는 것이야말로 가장 놀랍고도 귀한 일이며… 어떤 그림자도 자국도 없고 누구도 모방할 수 없는 순전한 복음이다. 온 인류는 이 복음에 대해 확실히 들었다.
- 존 오웬

죄 고백은 자신이 죄인임을 깨달은 사람이 맨 먼저 취하는 행동이자 은혜를 경험한 사람에게서 맨 처음 나타나는 반응입니다.

때로 하나님께서는 우리 안에 거하실 처소를 마련하시고자 우리를 '상하고 통회하는 심령'(시 51:17)으로 만들기도하십니다.

구약 시대 성전 입구에는 죄를 처리하기 위한 번제단이 있었습니다. 예배자는 그 제단에서부터 출발하여 물두멍을 지나 피가 뿌려지는 만남의 장소이자 하나님이 임재하시는 은혜의 보좌, 곧 시은소로 나아가야 했습니다. 백성 중에 유일한 존재인 대제사장만이 자신의 죄까지 처리한 후에야 지성소 안에서 하나님을 만날 수 있었습니다.

하지만 이 장에서는, 의롭다 함을 받기 위한 죄사함이 아닌, 이미 예수 그리스도에게 받아들여지고 의롭다 여김을 받은 사람들이 응당 해야 할 죄의 고백에 대해 말하고자 합니다. 죄인들이 새 생명을 얻고 빛 가운데 걷기 시작하면 거듭나지 않은 상태에서는 알지 못하던 죄의 비루함을 깨닫고 자신들의 죄를 증오하는 마음을 품게 됩니다. 그러면 하나님 앞에 자신들의 죄와 믿음 없음을 가지고 나아와 이렇게 고백합니다.

"내가 오직 주에게만 범죄하여 이런 끔찍한 일을 하였습니다. 주께서 이 모든 것을 다 보셨으니 주의 말씀은 옳고 주의 심판은 정당합니다"(시 51:4, 현대인의 성경).

구체적인 고백

기도 가운데 하나님 앞에 나아갔을 때 우리의 죄 고백은 모호해선 안 됩니다. 윌리엄 워버튼 주교는 이렇게 말합니다. "기독교가 중요시하는 것은 구체성이다." 이스라엘에서 대속죄일에 행해지는 죄의 전가 의식에도 고백의 명확성이 전제되어 있습니다. "아론은 그의 두 손으로 살아 있는 염소의 머리에 안수하여 이스라엘 자손의 '모든' 불의와 그 범한 '모든' 죄를 아뢰고"(레 16:21).

이스라엘 백성이 개인적으로 예물을 가지고 나아왔을 때 그는 번제물의 머리에 손을 얹고(레 1:4) 다음과 같이 자신의 죄와 허물을 고백하는 기도를 했습니다. "오 여호와여, 간구합니다. 저는 죄를 지었고 악하게 살아왔습니다. 저는 주님의 뜻을 거역했고, (이러저러한 구체적 항목을 나열하면서) 잘못을 저질렀습니다."

이렇게 자신이 지은 죄를 일일이 구체적으로 고백한 후에 간구했습니다. "하지만 이제 참회하오니 이 예물로 저의 죄를 대속하소서."

성경은 이스라엘이 아이성 전투에서 패퇴한 후 여호수아가 아간을 대면하는 장면을 묘사합니다. "내 아들아 청하노니 이스라엘의 하나님 여호와께 영광을 돌려 그 앞에 자복하고 네가 행한 일을 내게 알게 하라 그 일을 내게 숨기지 말라"(수 7:19). 아간이 대답합니다. "참으로 나는 이스라엘의 하나님 여호와께 범죄하여 이러이러하게 행하였나이다"(수 7:20). 그러고는 자신이 탐을 내서 훔친 물건들에 대해 감춘 위치와 방식까지 낱낱이 털어놓습니다.

신약성경은 이와 관련해 우리에게 다음과 같은 약속을 주고 있습니다. "만일 우리가 우리 죄를 자백하면 그는 미쁘시고 의로우사 우리 죄를 사하시며 우리를 모든 불의에서 깨끗하게 하실 것이요"(요일 1:9). 하나님 앞에 나아갔을 때 우리는 죄를 구체적으로 고백할 필요가 있습니다. 그리고 그에 대한 하나님의 약속은 분명합니다. "그는 미쁘시고 의로우사."

하나님의 자녀는 죄를 구체적으로 고백합니다. 신앙이 건강하지 못한 사람은 죄를 뭉뚱그려 고백하고 자신이 죄인이라는 사실을 일반화시켜 인정합니다. 하지만 하나님이 기대하시는 바, 죄를 대하는 우리의 자세는 매우 구체적이어야 합니다. 밧세바와 간음을 저지르고 그의 남편 우리아까지 살해한 다윗에게 선지자 나단을 보내신 하나님이 얼마나 구체적으로 그의 죄를 뒤집어 꺼내셨는지 살펴보기라도 한다면, 우리는 단지 '내가 범죄했나이다'라고 말하지 않게 될 것입니다. 그만큼 죄에 대해 민감할 필요가 있습니다.

죄에 대한 민감함

하루를 살아가면서 양심에 걸리는 죄를 발견하면 우리는 즉시 그 죄를 고백해야 합니다. 그리고 그리스도의 보혈로 정결케 되기를 믿음으로 선포해야 합니다. 그러고 나서도 언제든지 기회가 닿으면 자신이 하나님께 범한 잘못이 없는지 부지런히 살펴야 합니다.

하나님 앞에서 죄를 살피다보면 마치 자신이 저지른 일이 아닌 것처럼 그 죄의 악독함에 놀라게 될 것입니다. 이전에도 행했고 언제든 다시 범할 수 있는 그런 죄를 발견할 때, 우리는 하나님의 강한 은혜가 임하길 믿음으로 간구해야 합니다. 다시는 그 죄를 범함으로 하나님을 슬프시게 하지 않게 해달라고 그리스도의 이름으로 간구해야 합니다.

우리 마음이 하나님의 임재에 점점 더 민감해지면, 예전에 이미 용서받고 처리된 죄가 다시 떠올라 양심에 새롭게 각인되기도 합니다. 그러면 우리는 본능적으로 하나님의 용서의 은혜를 새롭게 구하게 됩니다. 그렇게 할 수 있는 이유는, 우리가 법을 시행하는 재판관 앞이 아니라 그리스도를 통해 우리와 화목을 이루신 아버지 앞에 머리를 숙였기 때문입니다.

죄에 대해 명확하게 깨달을수록 자연스레 더 깊은 회개로 이어집니다. 성령의 인도하심을 따라, 이미 오래 전에 회개하고 해결된 죄에 대해서도 시편 기자처럼 고백하게 됩니다. "여호와여 내 젊은 시절의 죄와 허물을 기억하지 마시고 주의 인자하심을 따라 주께서 나를 기억하시되 주의 선하심으로 하옵소서"(시 25:7).

하지만 죄를 깨달으면서도 하나님 앞에서 죄의 고백을 무시해 버린다면 우리 안에서 죄를 깨닫게 하시는 성령님을 근심하게 하고 말 것입니다. 우리는 그와 같은 최악의 선택을 피해야만 합니다. 죄에 대한 민감함을 잃지 않도록 부디 애쓰십시오.

엎드림

혼자만의 장소에서 하나님께 나아가는 일 가운데 가장 중요한 것은, 우리 자신을 위로자이신 주님께 온전히 굴복시키는 것입니다. 오직 그분을 통해서만 응답 받는 기도를 드릴 수 있기 때문입니다. 랄프 어스킨도 이 점을 늘 강조하면서 자신의 일기장에 이렇게 적고 있습니다.

> 오늘 아침에도 소망을 품고 기도로 주님께 나아갔다. 성령의 인도하심을 따라, 내 생명의 근원이시며 힘이요 기쁨이신 그리스도의 이름으로 하나님께 나아가 엎드렸다. 그분이 내 생명이 되어주시지 않았다면 나는 하나님의 이름의 영광을 감당할 수 있는 사람이 아님을 고백했다.
>
> 그렇게 나 자신을 돌아볼 때 다시 한 번 내 안의 죄성과 비루함과 부패함이 떠올랐고 나는 다시 한 번 나의 사악함을 인정하기 시작했다. 그러자 감미로운 성령의 불길이 나를 불살랐고 내게 붙어 있는 온갖 것을 다 제거해 버렸다.
>
> 나는 이 경험을 통해 겸손히 주님 앞에 엎드리는 일이 얼마나 중요한지를 배웠다. 겸손히 회개하지 않는 기도는 하나님이 응답하시지 않는다.

토마스 보스턴도 헛된 영광을 구하는 자신의 모습을 깨

닫고는 자신의 더러워진 발을 내려다보았다고 합니다. 우리도 이럴 수 있습니다. 하지만 그럴 때마다 우리가 하나님의 자녀이고 그리스도가 우리에게 가장 소중한 분이라는 사실을 잊어서는 안 됩니다. 러더퍼드는 이렇게 일깨워줍니다. "천국에서 부르는 음악은 별다른 게 없습니다. 그들이 하는 모든 노래는 '존귀하신 어린양'입니다." 그리스도가 흘린 구속의 보혈이 모든 죄를 사했기 때문입니다.

죽어버린 마음

예전 성도들은 자신들이 죄에 대해 고백하고 슬퍼할 수 있음에 감사했습니다. 자신들의 마음이 죽어 있음을 깨닫는 때는 애통하기를 마지 않았습니다. 감정이 메마르고 차가워져 하나님 앞에서 기도하는 일을 멀리하는 일은 결코 용납하지 않았습니다. 그들은 오히려 마음을 모아 '더 열심히 은혜의 보좌에서 씨름'했습니다. "회개하고 참회함으로 마음이 새롭게 될 때까지 죄를 낱낱이 고백하는 일을 멈추지 않겠다"고 결심했습니다.

마음이 죽었다는 것은 여러 가지로 설명할 수 있습니다. 하나님을 섬기는 일에 한때는 누구보다 열심히 불을 지피던 사람이 그 첫사랑의 불을 꺼뜨릴 때가 있습니다. 연료가 부족해서일 수도 있고 불을 제대로 살피지 않은 탓일 수도 있습니다. 어쨌든 그 사랑의 제단에 한 줌의 재만 남아 연기가 피어오릅니다. 이제 그의 가장 큰 슬픔은 죄에 대해 슬퍼하지 않는 것입니다. 그의 가장 무거운 짐은 짐을 지지 않는 것입니다.

그리스도를 사랑하지 않는 것이야말로 가장 참을 수 없는 고통임을 아는 사람은 낭떠러지에 고통스럽게 매달려서도 이렇게 외칩니다. "아, 다시 한 번 그리스도의 고난에 동참할 수 있다면…"

이런 일을 겪어본 사람이라면 그는 자신이 생각하는 것 이상으로 그리스도와 가까이 있습니다. 뉴잉글랜드에 머물던 토마스 쉐퍼드는 자신의 지나온 인생 경험을 돌아보며 이렇게 말했습니다. "슬픔, 비천함, 공포 이런 것들을 느낄 때보다, 자신의 마음이 무뎌지고 죽어 있음을 느낄 때 우리는 그리스도에게로 가장 가까이 나아가게 된다."

나를 살피시게 하라

우리의 마음이 죽어 있음을 깨닫는다면 그것은 성령의 인도하심 덕분입니다. 우리 스스로의 힘으로는 자신의 상태를 자각하지 못합니다. 또한 성령은 그동안 우리가 알아채지 못한 죄들을 깨닫게 하십니다. 사람들에게 은하수가 어슴푸레한 안개 띠처럼 보이는 것처럼, 우리가 모른 체하고 있는 수많은 죄악들은 마치 하나님의 얼굴에 드리운 어두운 그림자 정도로 인식됩니다. 그러나 망원경을 통해 성운을 살펴보면 그것이 셀 수 없이 많은 별들의 집합체라는 것을 알 수 있듯, 성령의 도우심을 받아 우리 안의 죄를 실상 그대로 볼 수 있습니다.

혼자만의 조용한 곳으로 나아가 하나님의 얼굴에 드리운 그림자를 자세히 살펴보십시오. 그것이 우리가 저지른 수많은 죄악의 파편들임을 깨닫게 된다면, 우리로 인한 가슴 아픈 일인 동시에 성령의 도우심에 따른 은혜로운 일이 됩니다.

따라서 기도 시간에 하나님과 살아있는 교제를 하지 못하고 있다면 시편 기자가 간구했듯이 우리도 간구해야 합니다. "하나님이여 나를 살피사 내 마음을 아시며 나를 시험하사 내 뜻을 아옵소서 내게 무슨 악한 행위가 있나 보시고 나를 영원한 길로 인도하소서"(시 139:23, 24).

하나님 앞에 홀로 나아가 엎드려 우리의 죄악을 낱낱이 고백할 뿐 아니라, 아직 발견하지 못한 죄악들과 혹여 죽어 있는 마음에 이르기까지 하나님께서 나를 살피시게 해야 합니다. 그러면 "예루살렘에서 등불로 두루 찾으시는"(습 1:12) 분이 우리도 두루 찾으시고, 은을 단련하는 것같이 단련하시며, 곡식을 체에 치듯 우리를 치실 것입니다. 그분은 우리 본성의 깊은 심연에서 그리스도의 뜻에 반하는 것들을 찾아내시고, 우리의 모든 생각과 마음을 그리스도의 뜻에 합당하게 변화시키실 것입니다.

우리 마음이 죽어 있음을 깨닫는 때는 우리 안에 있는 생각지도 못한 많은 죄들을 발견할 때입니다. 그 죄란 하나님을 위해 시도도 해보지 않고 그저 생략해 버린 의무들, 애써보지도 않고 포기한 기회들, 은혜를 받고서도 감사하지 않은 순간들을 가리킵니다. 선용할 수 있음에도 쉽게 외면한 귀한 시간들입니다. 돌아보아 이런 것들을 발견할 때에도 우리의 마음이 죽어 있음을 알게 됩니다.

기도하려고 무릎을 꿇으면 우리 뒤에서 '잃어버린 시간들이 울부짖는' 경우가 종종 있습니다. 하나님의 종이라 불리는 이들을 향해 아일랜드의 대주교 제임스 어셔는 다음과 같은 교훈을 남겼습니다. "그대들이 생각하는 것보다 자주, 겸손히 무릎꿇고, 그대들이 행하지 않은 신성한 의무와 부작위의 죄와 실패를 하나님께 고백하라." 주의 종들이 그래야 했다면, 하나님의 자녀인 우리도 그렇게 기도해야 마땅하지 않겠습니다.

우리에게 하루하루의 삶은 거룩한 일상과 진실한 수고라는 화물을 싣고서 영원의 해변을 향해 떠나는 배와 같습니다. 그런데 우리는 얼마나 많은 시간을 잘못 사용하고 있습니까! 길을 배회하는 경우는 얼마나 많습니까! 하나님이 주신 귀한 선물을 얼마나 허비했습니까! 이 세상은 지나가고 이 세상의 풍조도 희미해지지만 오직 하나님의 것은 영원합니다.

우리의 죄성

나를 살펴서 결국엔 드러나는 많은 죄보다 더 깊숙한 곳, 우리 영혼 안에 감추어진 것도 있습니다. 바로 본성적인 죄성, 즉 죽을 육신입니다. 경험에 따른 냉정한 판단을 내린다면 우리 본성의 악함을 인정할 수밖에 없습니다. 그 사실을 호도하거나 과장할 수 없습니다.

하나님의 은혜를 경험했다 하더라도 여전히 우리 안에 옛사람의 본성이 숨쉬고 있음을 발견하게 됩니다. 그럴 때마다 그분의 말씀 아래서 우리의 생각과 욕망을 점검해 보고, 선하신 하나님의 빛 안에서 우리의 악한 부분을 비추어 보면, 우리는 우리가 여전히 품고 있는 본성적인 죄성이 얼마나 끈질긴지 확인하게 됩니다. 그리고 에스라처럼 슬퍼 외치게 됩니다. "나의 하나님이여 내가 부끄럽고 낯이 뜨거워서 감히 나의 하나님을 향하여 얼굴을 들지 못하오니"(스 9:6).

마르틴 루터도 어느 날 자신의 타고난 죄성이 무서울 정도로 드러나자 너무 놀란 나머지 "죄의 독에 영혼이 마비되고, 육신이 죽은 것처럼 말도 하지 못하고 얼굴에는 핏기와 온기가 사라졌다"고 합니다.

코네티컷 주 캠브리지에 머물던 시절 토마스 쉐퍼드는 특별 금식을 하며 기도하던 중 다음과 같은 기록을 남겼습니다. "11월 3일. 나의 죄가 얼마나 큰지 보았다. 너무나 추한 나의 죄가, 오직 선하신 분이 십자가에 못 박히신 이유다. 나는 내 자신이 왜 그리도 추하게 보이는지 그 이유를 찾았다⋯ 주님께서 내 자신을 제대로 볼 수 있게 해주셨기 때문이다. 내게는 너무나 유익한 날이리라… 나는 주님께 나아가 그 안에서 쉼을 얻었다… 세상의 모든 죄를 합해도 내 죄보다 크지 않을 것 같았다. 정말 그랬다. 이런 생각에 이르다보니 나는 그 어느 때보다 겸손해졌다."

조나단 에드워즈도 어느 날 그리스도의 아름다움과 영광에 대해 묵상하던 중 놀라운 깨달음을 얻었습니다. 그는 일기에 이렇게 적고 있습니다. "내 안에 말로 다 할 수 없는 사악함이 드러났다. 끝없는 홍수가 일어 내 모든 생각과 사고를 휩쓸고, 산이 머리 위로 무너져내리는 것처럼 나는 아무 것도 할 수 없었다. 내 죄를 어떻게 표현해야 할까? 너무나 많아 끝없이 쌓이고 또 쌓이는 죄! 끝없이 쏟아지는 죄! 아, 이 말은 오랜 세월 내 뇌리를 떠나지 않고 입에서 떠나지 않을 것 같다."

존 던컨 박사는 임종을 앞두고 솔직한 심정으로 이렇게 말했습니다. "내 안에 여전히 육신적인 생각, 하나님을 향한 적대감이 있습니다. 사람들 눈에 보이지 않지만 너무나 두렵습니다. 이것으로 인해 내 육신마저 고통스럽습니다."

사탄이 흉내낼 수 없는 징표

이러한 경험은 매우 신령하고 거룩한 것입니다. 하나님께서는 아마도 그 자녀들을 거세고 깊은 물살에 마냥 휩쓸리도록 두지 않으실 것입니다. 그분이 길을 열어주지 않으시는 한 우리 역시 함부로 걸음을 옮겨서는 안 됩니다.

무엇보다 거룩하신 하나님 앞에서 우리의 모습을 고백할 때, 하나님께서 우리 안에 있는 깊은 죄성을 보게 하실 때, 진실한 신자들이 경험하게 되는 징표, 곧 사탄이 결코 흉내낼 수 없는 징표는 바로 슬픔과 눈물입니다.

슬픔과 눈물로 우리의 죄성을 드러내며 엎드리는 우리를 위해, 주님은 우리의 마음을 그리스도의 사랑으로 채우실 것입니다. 그 사랑이 우리의 마음을 가득 넘치도록 채우시는 덕분에, 죄에 대한 기억은 있어도 죄로 인한 상처는 아물게 할 만큼 우리는 큰 평화와 은혜로 휩싸입니다. 살아계신 하나님이 찾아와 어루만지시는 이런 순간들은 천국에서 맛보게 될 기쁨의 서곡에 불과합니다. 천국에서 영광 중에 부르는 구원받은 자들의 노래는 이 땅 위에서 부르는 찬양과 비교할 바가 못 됩니다.

영광 중에 부르는 그 노래는 하나님의 어린양의 죽음을

기리기는 하지만 죄를 언급하지 않습니다. 치명적인 죄와 그 여파들은 다 사라졌습니다. 우리가 지은 죄의 비극적인 결과들도 다 해소되었습니다. 하늘에서 발견되는 죄의 흔적이라고는 그리스도의 손과 발과 옆구리에 난 상처뿐입니다. 구원받은 자들은 자신의 옛 허물을 기억하기보다 그리스도를 바라보고 오롯이 찬양하게 됩니다. 마침내 죄의 기억은 가시 면류관을 쓰고 십자가를 지신 주님의 사랑 안에서 완전히 사라집니다.

잘못이 클수록 추락은 더 크고
추락이 클수록 슬픔도 커지겠지만,
모든 것을 사하시는 그분에게는
가장 큰 찬송이 있을 뿐이라.

06 기도와 간구

땅에 있는 나와 하늘에 계신 구주 사이에 교류가 있었다는 증거인, 내 구체적인 기도를 들어주신 하나님의 응답에 늘 민감하게 하소서.
- 토마스 찰머스

무디 스튜어트 박사가 헌틀리에 들렀을 때, 던컨 매더슨의 소개로 몇몇 신실한 그리스도인들을 만났습니다. 그 중에 한 나이든 부인의 집을 방문하게 되었는데, 부인은 나름대로 '신앙인으로서 인정'을 받는 분이었습니다. 스튜어트 박사는 한동안 교제를 나눈 후 헤어지기에 앞서 부인의 기도 제목을 놓고 함께 기도했습니다.

스튜어트 박사가 기도하는 동안 부인은 평소에 늘 하던 습관대로 소원하는 제목 하나 하나에 '반드시', '제발' 같은 간절한 표현과 독특한 억양을 섞어 내뱉었습니다. 기도 마지막엔 스튜어트 박사가 부인이 구한 '모든 것'이 하나님의 약속에 의지해 이루어지기를 간구했습니다. 박사의 말이 끝나기도 전에 부인은 "정말이지 모든 것이 상달될지어다"라고 외쳤습니다. 갑작스레 끼워 넣은 부인의 이 외침에는 위안과 의심의 감정이 뒤섞여 있었습니다. 그런데 하나님의 자녀들의 믿음에도 종종 이러한 특징이 드러나는 것이 사실입니다.

많은 사람들이 다음과 같은 말씀(믿음으로 드린 기도에 대한 약속으로 받은 말씀) 앞에서 이런 뒤섞인 감정을 느낍니다. "무엇이든지 믿고 구하는 것은 다 받으리라"(마 21:22). "내가 너희에게 말하노니 무엇이든지 기도하고 구하는 것은 받은 줄로 믿으라 그리하면 너희에게 그대로 되리라"(막 11:24). "너희가 내 안에 거하고 내 말이 너희 안에 거하면 무엇이든지 원하는 대로 구하라 그리하면 이루리라"(요 15:7).

자기 아들도 아끼지 않고 내어주신 분이 다른 모든 것을 아끼지 않고 주실 것이라고 생각하는 것은 너무나 타당

합니다. 하지만 하나님께서 정말로 그렇게 하실 거라고 실제로 믿는 것을 사람들은 어려워합니다.

무디 스튜어트 박사가 말했듯이, 겨자씨와 산 사이에 갈등이 존재합니다. 이 시험은 "산이 겨자씨를 묻어버리느냐 아니면 겨자씨가 산을 바다로 던지느냐"를 결정합니다. 겨자씨는 아주 작고, 산은 너무나 거대하기 때문에 승산이 낮아 보입니다. 그런데 그 겨자씨처럼 작은 믿음이라 해도 쉽게 생기지 않습니다. 그렇기에 문자 그대로 믿음은 '하나님의 선물'입니다.

믿음은 우리의 어떤 것으로도 구할 수 없는 것으로, 오직 하나님이 우리 가운데 심어주셔야 합니다. 그래서 우리는 믿음을 하나님께 구할 필요가 있습니다. 그런 믿음이 있다면, 우리는 이 땅의 어떤 빛보다 환한 빛을 비추어서 그동안 보이지 않던 것을 보게 됩니다.

믿음으로 드리는 기도의 특징

믿음으로 드리는 기도는 좋은 땅에 심겨진 식물처럼 그리스도에게 깊이 뿌리를 내립니다. 그분의 성품과 뜻에서 어긋나지 않습니다.

첫째, 믿음으로 드리는 기도는 하나님의 뜻에 부합합니다. "그를 향하여 우리가 가진 바 담대함이 이것이니 '그의 뜻대로' 무엇을 구하면 들으심이라"(요일 5:14).

둘째, 믿음으로 드리는 기도는 그리스도를 향한 관심사에서 벗어나지 않습니다. "너희가 내 이름으로 무엇을 구하든지 내가 행하리니 이는 아버지로 하여금 '아들로 말미암아 영광을 받으시게' 하려 함이라"(요 14:13).

셋째, 믿음으로 드리는 기도는 진리의 말씀으로 인도함을 받습니다. "'너희가 내 안에 거하고 내 말이 너희 안에 거하면' 무엇이든지 원하는 대로 구하라 그리하면 이루리라"(요 15:7).

넷째, 믿음으로 드리는 기도는 성령께서 능력으로 역사하십니다. "우리 가운데서 '역사하시는 능력대로' 우리가 구하거나 생각하는 모든 것에 더 넘치도록 능히 하실 이에게"(엡 3:20).

다섯째, 믿음으로 드리는 기도는 사랑과 자비를 행합니다. "서서 기도할 때에 아무에게나 혐의가 있거든 '용서하라' 그리하여야 하늘에 계신 너희 아버지께서도 너희 허물을 사하여 주시리라"(막 11:25).

여섯째, 믿음으로 드리는 기도는 순종이 따라옵니다. "무엇이든지 구하는 바를 그에게서 받나니 이는 우리가 그의 계명을 '지키고' 그 앞에서 기뻐하시는 것을 '행함이라'"(요일 3:22).

일곱째, 믿음으로 드리는 기도는 거절을 생각하지 않을 정도로 열심히 간구합니다. "구하라 그러면 너희에게 주실 것이요 찾으라 그러면 찾아낼 것이요 문을 두드리라 그러면 너희에게 열릴 것이니"(눅 11:9).

여덟째, 믿음으로 드리는 기도는 응답을 이끌어냅니다. "의인의 간구는 역사하는 힘이 큼이니라"(약 5:16).

믿음의 근거

믿음의 기도는 오직 하나님과 맞닿은 사람에게서만 나올 수 있지만, 그 믿음을 실천하는 것은 결코 신비의 영역에 속하지 않습니다. 믿음으로 기도한다는 것은 하나님이 주신 능력 있는 약속의 말씀에 의지해 확신을 갖는 것이기 때문입니다.

먼저, 하나님의 말씀은 우리 믿음의 보증이 됩니다. 하나님의 약속은 천국 은행에서 가져온 신용장으로서 보는 것만으로도 영광스러운 것입니다. 예전에 영국 은행에서 수표 뭉치를 도난당한 적이 있는데, 정작 그 수표들에는 서명이 되어 있지 않아서 아무 가치도 없었다고 합니다.

하지만 하나님의 약속은 영원히 그 효력을 잃지 않도록 십자가의 피로 서명 날인된 것입니다. 하나님의 약속이 부도 처리될 일은 절대 없습니다. 하나님의 약속을 내미는 자는 액면가를 그대로 받게 됩니다.

나는 여호와라 내가 말하리니 내가 하는 말이 다시는 더디지 아니하고 응하리라(겔 12:25).

또한 하나님의 말씀은 하나님의 성품에 뿌리를 내리고 있습니다. 따라서 우리는 이렇게 기도해야 합니다. "주님, 주의 이름을 위하여 행하소서." 하나님은 우리의 아버지이시므로 우리에게 필요한 것이 무엇인지 다 아십니다. 그분은 우리와 언약을 맺은 선하신 하나님입니다. 따라서 하나님은 자녀인 우리를 홀대하지 않으실 것입니다. 하나님은 사랑하는 자녀에게 성육신하신 독생자의 피 값으로 산 모든 것을 확실히 주실 것입니다. 그러므로 하나님은 모든 복의 근원이시며, 보혜사이자 위로자이신 성령께서 인도하시는 기도 또한 하나님께서 다 이루실 것입니다.

다니엘이 드린 믿음의 기도

선지자 다니엘의 기도를 보면, 그의 기도가 위에서 말한 두 가지 확실한 보증을 근거하고 있음을 알 수 있습니다. 다니엘은 "책을 통해 여호와께서 '말씀으로' 선지자 예레미야에게 알려주신 그 연수… 곧 예루살렘의 황폐함이 칠십 년 만에 그치리라 하신 것"(단 9:2)을 깨달았습니다.

하지만 다니엘은 그저 그 말씀에서 그치지 않고 더 나아가 하나님의 성품에 의지하여 간구하기 시작합니다.

"그러하온즉 우리 하나님이여 지금 주의 종의 기도와 간구를 들으시고 주를 위하여 주의 얼굴 빛을 주의 황폐한 성소에 비추시옵소서 나의 하나님이여 귀를 기울여 들으시며 눈을 떠서 우리의 황폐한 상황과 주의 이름으로 일컫는 성을 보옵소서 우리가 주 앞에 간구하옵는 것은 우리의 공의를 의지하여 하는 것이 아니요 '주의 큰 긍휼'을 의지하여 함이니이다 주여 들으소서 주여 용서하소서 주여 귀를 기울이시고 행하소서 지체하지 마옵소서 나의 하나님이여 주 자신을 위하여 하시옵소서 이는 주의 성과 주의 백성이 주의 이름으로 일컫는 바 됨이니이다"(단 9:17-19).

우리가 간구하기 원하시는 하나님

하지만 우리 아버지께서는 구하기 전에 이미 우리의 모든 필요를 알고 계십니다. 또 우리에게 왕국을 주시는 것이 하나님의 기뻐하는 뜻이라면, 굳이 우리가 하나님 앞에 나아가 열심히 우리의 간구를 아뢸 필요가 있을까요?

이 질문에 대한 가장 간단한 대답은 하나님께서 우리에게 그렇게 하라고 친히 가르치셨다는 것입니다. 구약성경에는 "주 여호와께서 이같이 말씀하셨느니라 그래도 이스라엘 족속이 이같이 자기들에게 이루어 주기를 내게 구하여야 할지라"(겔 37:37)는 말씀이 기록되었고, 신약성경에는 "모든 일에 기도와 간구로 너희 구할 것을 감사함으로 하나님께 아뢰라"(빌 4:6)는 말씀이 기록되었습니다.

선지자 엘리야의 경우를 보면, 그가 이러한 하나님의 뜻을 따르고 있음이 잘 드러납니다. 엘리야는 하나님을 향한 흔들림 없는 신실함으로 오직 그분만을 섬기겠다는 뜻을 확고히 했습니다. "내가 섬기는 만군의 여호와께서 살아

계심을 두고 맹세하노니"(왕상 18:15). 그렇게 해서 그는 모든 이스라엘 백성들이 다시 하나님의 언약을 굳게 붙들게 했습니다.

"모든 백성이 보고 엎드려 말하되 여호와 그는 하나님이시로다 여호와 그는 하나님이시로다 하니"(왕상 18:39). 엘리야는 하나님으로부터 다음과 같은 약속을 받았고 그 약속을 믿고 행동했습니다. "너는 가서 아합에게 보이라 내가 비를 지면에 내리리라"(왕상 18:1). 엘리야는 하나님께서 이스라엘 백성들의 오랜 기도에 이미 응답하고 계심을 내면으로 확신하고 있었습니다. "큰 비 소리가 있나이다"(왕상 18:41). 그럼에도 불구하고 엘리야는 기도하는 것을 멈추지 않았습니다. 구름이 하늘을 시커멓게 덮을 때까지 그는 기도를 멈추지 않았습니다.

응답은 준비된 자가 받는다

하나님께서 우리의 필요를 이미 알고 계신데도 우리는 열심히 구체적으로 간구해야 하는 이유를 다른 식으로도 설명할 수 있습니다.

첫째, 기도를 함으로써 우리는 지속적으로 은혜의 하나

님께 순종하며 의존하게 됩니다. 기도하지 않아도 언약이 성취된다면 모든 자연이 주는 선물이 그러하듯 우리는 하나님께 의존하지 않으려는 유혹을 받아 이렇게 말하게 될지도 모릅니다. "내 능력과 내 손의 힘으로 내가 이 재물을 얻었다"(신 8:17).

둘째, 하나님은 우리와 더 많은 교제를 나누고 싶어 하십니다. 그러나 우리의 본성에 따른 마음은 하나님의 임재 앞에 머물고 싶어 하지 않습니다. 우리는 하나님께 말씀드리기보다 하나님에 대해 말하는 쪽을 택합니다. 그래서 하나님께서 "친구들이 듣는 너의 목소리를 나에게도 들려 주려무나"(아 8:13)라고 책망하실 때가 종종 있습니다.

어린 자녀가 사랑한다며 쓴 편지라면 맞춤법이 틀리고 삐뚤빼뚤 쓴 글씨라도 아버지는 기꺼이 상을 주실 것입니다. 그러니 사랑하는 자녀가 드린 기도가 하나님 보시기에 얼마나 귀하겠습니까?

셋째, 기도의 응답으로 주어지는 선물을 받기 위해 우리 안에서도 많은 일들이 행해져야 합니다. 하나님은 무엇이든 우리에게 아무 때나 주시지 않고 우리가 받기 합당할 때 비로소 허락하십니다. 그래서 하나님은 우리의 기도에

즉각 응답하시지 않고 우리 마음을 준비시키십니다. 속히 응답되지 않는 문제 때문에 힘들어 하는 우리를 위해 하나님은 그분의 선하신 뜻을 이해할 때까지 우리를 하나님의 임재 앞에 머물게 하십니다.

모든 복을 갖고 계신 하나님께 우리가 중단없이 나아가야 하는 이유는 분명합니다. 그분이 우리의 요구를 거절하며 "나를 괴롭게 하지 말아라"고 말씀하신다 해도 그것은 단지 우리가 요구하는 복이 무엇인지를 우리가 이해하고 그것을 바르게 사용할 수 있게 준비되기를 원하시기 때문입니다.

넷째, 마지막으로 우리는 하나님의 동역자로 부름 받았습니다. 천지를 창조하시던 하나님이 여섯 째날 인류를 손수 빚으시고 생기를 불어넣으신 이유도 그것 때문입니다. 비록 첫 번째 인류는 하나님과 동역하는 일에 실패했으나 예수 그리스도의 십자가 구속을 통해 위대한 일이 일어났습니다. 사탄은 쫓겨나고 지옥의 힘은 제압되었습니다. 사탄의 모든 계획도 실패로 끝났습니다. 이 모든 일의 결과로 인류는 새롭게 하나님의 동역자로 부름 받았습니다. 그리고 무엇보다 우리는 기도를 통해 하나님의 모든 사역에 동역합니다. 이때 존귀하신 구세주께서는 하나님 보좌 우편에 계시면서 영원히 우리를 위해 중보하십니다.

온전한 기도에 이를 때까지

우리의 기도가 온전한 수준에 다다르면, 개인의 관심이나 필요는 잠시 잊고 오직 그리스도의 관심사에만 집중하게 됩니다. 기도가 급박하고 간절해집니다. 평소 하나님께 기도하는 루터의 모습은 "지극히 경외하는 자세를 잃지 않으면서도 친구를 대하듯 몹시도 대담했다"고 합니다. 리빙스턴은 로버트 브루스에 대해 기록하기를 "그가 기도하는 모든 문장은 하늘로 솟구쳐 올라가는 강한 전류와 같았다"고 했습니다. 리처드 백스터의 전기 작가는 리처드가 기도하려고 마음을 모을 때면 "마치 날개가 생겨 하늘로 올라가는 것" 같았다고 전합니다.

대주교 레이튼에 대해서도 비슷한 기록이 있는데 "기도하는 모습이 어찌나 진지하고 간절하던지 그의 영혼이 하나님께로 올라가는 것 같았다"고 합니다.

헨리 마틴은 일기에 기록하기를, 어느 날 하루를 정하여 금식하며 인도 땅에 하나님의 나라가 임하기를 기도했다고 합니다. 그는 기도가 깊어지면서 전에는 한 번도 경험해 보지 못한 강한 힘과 기쁨을 느꼈습니다. 그러면서 이렇게 덧붙입니다. "나의 온 영혼이 하나님과 씨름하는 동안, 하나님께 약속을 이루어달라고 부르짖고 하나님의 영광스러운 능력이 드러나게 해달라고 간구했다. 얼마나 간절했던지 나 스스로는 기도를 멈출 수가 없었다."

중앙아프리카의 부흥은 데이비드 리빙스턴의 기도에 힘입었습니다. 그는 '그 드러난 상처'가 치유되는 것을 직접 보지는 못했습니다. 그 '어둠의 대륙'에 그리스도의 계절이 임하는 것을 보지 못했습니다. 하지만 그의 기도는 하늘에 기록되었습니다. 그의 일기를 보면 그가 얼마나 외롭게 밤을 새며 기도했는지 그리고 얼마나 간절히 중보했는지 엿볼 수 있습니다. 그는 아프리카를 위해 기도하며 일생을 보냈습니다. 자신의 죽음이 임박한 날에도 억지로 침대에서 야윈 몸을 일으켜 거친 마루에 무릎 꿇고 하나님 앞에 기도했습니다.

전기 작가는 기록하기를 그는 "늘 그랬듯이 하늘을 향해 간절히 기도하는 모습으로 숨을 거두었다"고 합니다. 리빙스턴은 늘 그랬듯이 자신의 영혼을 하나님의 손에 온전히 맡기고, 억압받는 자들의 구원자요 잃어버린 자들의 인도자이신 하나님께 아프리카의 모든 죄와 고통을 올려드렸습니다.

하나님의 임재 앞에서 간구하는 우리의 모습 역시 궁극적으로 이러한 데까지 나아가야 합니다.

07 기도와 열매

시골 길을 지나다가 마주친 어느 가난한 부인에게 내가 물었다. "생활이 많이 힘드시죠?" 부인이 대답했다. "아니요, 아주 잘 지내고 있어요. 이전에 비해 지금은 훨씬 더 많은 성경 말씀을 알고 있거든요. 하나님께서 제게 하늘 저장고의 열쇠를 주시면서 마음껏 가져가라고 하셨답니다."
- 알렉산더 페든

"너는 기도할 때에 네 골방에 들어가 문을 닫고 은밀한 중에 계신 네 아버지께 기도하라 은밀한 중에 보시는 네 아버지께서 갚으시리라"(마 6:6).

마태복음 6장 6절의 최근 번역본들을 보면 이전에는 종종 있던 끝맺음 단어 하나가 사라지고 있습니다. 가령 흠정

역(KJV)에는 "아버지께서 공개적으로 갚아주실 것이다(shall reward thee openly)"라고 번역되었는데, NIV와 NASB 그리고 ESV 같은 이후의 번역본에는 '공개적으로'라는 표현이 사라지고 "아버지께서 갚아주실 것이다(shall recompense thee)"라는 문구만 남았습니다. 기도에 대한 열매는 일차적으로 개인적이고 사적인 면이 있습니다. 그것은 하나님께서 우리에게 주시는 "은밀한 곳에 감추어진 재물"(사 45:3, 현대인의 성경)입니다.

그러나 이 열매가 우리 삶 가운데 맺힐 때는 공개적으로 드러날 수밖에 없습니다. 그런 점에서, 은밀한 중에 계시고 은밀한 중에 보시는 아버지는 사랑하는 자녀들에게 '공개적으로' 열매를 허락하십니다.

은밀한 기도의 첫 번째 열매: 거룩함

「천로역정」에서 순례자 일행이 마법에 걸린 땅의 거의 끄트머리에 다다랐을 즈음, 얼마 떨어지지 않은 곳에서 누군가가 괴로운 듯 신음하는 것 같은 엄숙한 목소리가 들려왔습니다. 순례자들이 조금 더 앞으로 다가가 살펴보니, 어떤 사람 하나가 땅에 무릎을 꿇은 채, 두 손은 높이 하늘로 들고 눈도 하늘을 바라보면서 무언가를 진지하게 높은 데 계신 분에게 호소하고 있었습니다. 순례자들이 그런 그에게 조금 더 가까이 다가갔지만, 그가 무슨 말을 하는지는 분명하게 들을 수 없었습니다. 그래서 그가 말하기를 마칠 때까지 가만히 기다렸습니다. 하지만 마침내 말하기를 마친 그는 자리에서 일어서자마자 곧장 천성을 향해 달음박질하기 시작했습니다.

이것이 은밀한 곳에서 드리는 기도의 결과로 맺게 되는 첫 번째 열매입니다. 기도를 통해 우리는 은혜를 새삼 깨닫고 우리 안에는 거룩함이 자리잡습니다. 하나님의 거룩한 곳을 향해 달음질하지 않을 수 없게 됩니다.

휴잇슨은 말합니다. "거룩함이란 영혼의 습관이다. 즉 주님을 늘 우리 앞에 두는 것이며 주님의 뜻에 합한 사람으로 늘 주님과 동행하는 것이다." 주님과 끊어지지 않는 연합의 교제를 시작하고 유지하기 위해서는 "최고의 은혜인 믿음과 최고의 의무인 기도가 필요하다"고 말합니다.

리처드 십스는 "기도는 성령이 주시는 모든 은혜를 받아 누리는 행위"라고 말합니다.

존 플라벨은 확신에 차서 이렇게 기록하고 있습니다.

"여러분은 기도하는 일에 최선을 다해야 합니다. 기도 없이는 어떠한 은혜도 받을 수 없고 어떠한 사역도 감당할 수 없기 때문입니다."

베리지는 이렇게 확언합니다. "실패했다면 골방에 들어가 무릎을 꿇어야 합니다. 은밀한 곳에서 하나님과 나누는 친밀한 교제 없이는 어느 누구도 성공을 기대할 수 없습니다. 기도의 부재를 메울 수 있는 것은 아무 것도 없습니다."

베리지는 이렇게도 말했습니다. "은밀한 곳에서 기도할 때 은혜를 받지 못한 적은 한 번도 없습니다. 때로는 의무감으로 혹은 별로 내키지 않는 마음으로 앉았을지라도 하나님께서는 기뻐하시며 그곳에서 나를 만나주시고 기꺼이 은혜를 베풀어주셨습니다."

제임스 프레이저도 이에 동의합니다. "기도를 쉬느냐 열심히 하느냐에 따라 내가 더 나은 존재가 되기도 하고 더 추락하기도 한다."

기도가 막히면, 비록 그것이 종교적인 다른 사역들을 감당하느라 그랬을지라도, 삶은 물론 영적 상태에도 문제가 발생합니다. 헨리 마틴은 일기에서 이렇게 한탄하고 있습니다. "끊임없이 설교를 준비하느라 조용히 말씀 읽는 시간을 갖지 못하고 기도가 부족해진 탓에 하나님과의 관계가 많이 소원해졌다."

하나님과의 교제는 영적 풍성함의 필수조건입니다. 하나님이 베푸시는 모든 은혜는 하나님과의 교제를 통해서만 주어집니다. 인간이 할 수 있는 선행 차원의 일이라면 하나씩 완벽하게 해내면 됩니다. 하지만 은혜는 성취하는 것이 아니라 절대적으로 주어지는 것입니다.

필립 사피르는 자신이 기독교 신앙을 받아들인 이유를 이렇게 전했습니다. "나의 존재 모든 것을 온전히 변화시키는 종교를 만났다."

거룩함이란 모든 것이 온전히 조화를 이룬 완전함을 가리킵니다. 그리스도가 바로 그 완전함의 결정체입니다. 우리가 완전한 거룩함에 이르렀을 때 우리의 영혼을 포함한 모든 것도 그리스도를 따라 흠 없는 온전함을 드러내게 될 것입니다.

그리스도를 닮아 거룩하기를 도모할 때, 자신의 성장이 더디다고 해서 의기소침해서는 안 됩니다. 성장이란 본래 사람마다 속도가 다른 법입니다. 리처드 십스는 신자들의 점진적인 성장을 식물의 성장에 비교한 적이 있습니다. 식물은 "겨울에 뿌리가 깊게 내리고 여름에는 잎이 자라고 가을에는 열매를 통해 다음 세대를 이을 씨앗을 배출합니다." 이 공식에서 처음 단계인 뿌리가 자라는 성장은 매우 더딥니다. 두 번째는 그보다 조금 더 빠릅니다. 세 번째, 열매로 성장할 때는 순식간에 성장이 이루어집니다. 초가을이 되면 여름 내내 자라던 속도보다 훨씬 빨리 며칠 새에 들판은 누런 곡식들로 뒤덮입니다. 그렇더라도 모든 식물이 저마다 생장점이 다르고 특성에 따른 차이가 있듯이 우리 모두에게도 그와 같은 다양성이 존재함을 잊지 마십시오.

기도의 두 번째 열매: 평안

하나님과의 교제를 통해 우리는 평안이라는 열매를 맺게 됩니다. 기도로 하나님과 교제하는 동안 우리는 하나님이 어떤 분이신지를 구체적으로 알아가기 때문입니다. 그렇기에 하나님의 임재 앞에 머물면 머물수록 우리는 평안을 얻고 평안을 누리며 담대히 하나님의 뜻을 따르게 됩니다.

　기도를 하면 할수록 우리 영혼이 평안을 얻는다는 말은 무슨 의미일까요? 벵겔의 말을 빌어 표현해 보면, 우리는 기도를 통해 '하나님만 온전히 의식'하게 됩니다.

전능하신 하나님, 곧 보좌에 앉으신 주님을 바라볼 때, 영혼의 불안함은 잦아듭니다. 애굽 왕 바로가 지휘하는 군대의 함성과 전차 바퀴의 진동은 잠시 후면 사라질 소음에 불과합니다. 사망의 음침한 골짜기는 하늘로 올라가는 찬양으로 채워집니다. 발밑은 태풍이 휘몰아쳐도 하늘은 높고 청명합니다. 우리는 하나님의 안식에 동참합니다.

자신의 임종을 앞둔 토마스 헬리버튼은 이렇게 말했습니다. "비록 나는 병이 들어 연약한 가운데 누워 있지만 고통스럽지 않다. 힘 없이 마지막 숨을 내쉬고 있지만 나는 강하다."

프랑스의 프로테스탄트 세귀에가 사형선고를 받았을 때 옆에 있던 경계병이 그의 심정이 어떠냐고 조롱하듯 물었습니다. 그는 이렇게 대답했습니다. "내 영혼은 수풀이 우거지고 샘물이 끝없이 솟아나는 정원과 같소."

유럽에는 알프스의 만년설이 녹아 흘러내리는 강이 없다면 뜨거운 여름을 견디지 못할 마을들이 많습니다. 이 강물을 통해 사람들은 뜨거운 한낮에도 서늘하고 상쾌한 공기를 호흡할 수 있습니다. 마찬가지로 하나님과 어린양의 보좌에서 흘러내리는 생명의 강물은 하나님의 도성을 휘

돌아 나오며 우리에게 평안을 줍니다.

> 기도는 우리의 영혼을 평화롭게 하고
> 생각을 고요하게 하고 기억을 잔잔하게 합니다.
> 기도는 묵상의 자리요,
> 모든 근심을 내려놓는 자리요,
> 걱정이 잠잠해지는 자리입니다.

기도의 세 번째 열매: 전적 의존

기도는 우리가 피조물로서 하나님께 의존한다는 표현입니다. 또한 기도를 통해 신자들은 자신이 그리스도의 위대한 구속 사역으로 하나님의 '소유'가 되었음을 인정하게 됩니다.

데이비드 리빙스턴은 아프리카의 깊은 어둠 한복판에서 이렇게 일기에 적었습니다. "나의 하나님, 나의 왕, 나의 생명, 나의 모든 것 되시는 주님, 다시 한 번 나의 모든 것을 당신께 의탁합니다."

벵겔은 모든 믿는 자녀들의 이름으로 이렇게 말했습니다. "나라는 존재, 내가 가진 모든 것은 원리상으로든 실질적인 의미에서든 이 한 마디로 요약됩니다. 바로 '주님의 것'입니다. 구주이신 주님께 나의 온 존재를 의탁하는 것이야말로 나의 구원이며 나의 소망입니다. 이보다 더 영광스러운 상태는 없습니다. 더 바랄 것이 없습니다."

뱅겔은 삶의 마지막 순간에 마지막 숨을 내쉬며 이렇게 고백했습니다. "오, 주님, 내가 산 것도 당신을 위해서고 고통 받은 것도 당신을 위해서고 죽는 것도 당신을 위해서입니다. 죽으나 사나 나는 당신의 것입니다. 오, 구주여, 영원히 나를 붙드시고 축복하소서. 아멘." 뱅겔은 "나는 당신의 것입니다"라고 말하면서 자신의 오른손을 가슴에 올려 진실함을 표현했다고 합니다. 그렇게 그는 주님의 품에 영원히 안겼습니다.

전적 의존은 참된 구원을 경험하고 기도로 날마다 교제를 나눈 이들이 구주 되신 하나님을 향해 드러내는 자연스런 태도입니다. 진실로 참된 구원을 경험하고 기도로 나아가는 자라면 어떻게 이런 고백을 드리지 않을 수 있겠습니까? 그것이 또한 우리의 소망이어야 합니다. "주님만이 나의 참 구주시며 나는 당신의 소유입니다. 오직 당신만을 의지합니다."

하나님 능력의 확실한 통로

몽탈랑베르는 라코르데르에게 이렇게 불평한 적이 있습니다. "동료에게 해줄 수 있는 것이 이렇게 없다니! 인간이 가진 비극 중 최고의 비극이 아닌가!" 그렇습니다. 사실 우리는 인간적인 방법을 통해서는 이웃에게 미미한 영향을 미칠 수 있을 뿐입니다. 사실 그게 긍정적일지 아니면 부정적일지 확실하지도 않습니다. 어쩌면 우리의 기대와는 정반대의 결과를 낳을 수도 있습니다. 하지만 기도를 통해서는 그 영향이 지대할 뿐 아니라 방향성 또한 명확합니다. 알프레드 테니슨은 "사람들이 생각하는 것 이상으로 많은 선한 일이 기도로 이루어졌다"고 확언했습니다.

기도는 전능하신 하나님의 권세를 인간의 일상으로 가져옵니다. 기도로 구하면 받게 되고 우리의 기쁨은 충만해집니다. 그 기쁨은 잠시 있다 사라지지 않고 영구적으로 향기를 남깁니다. 영국의 어느 학자는 자신을 가장 많이 도와준 사람은 신학자나 훌륭한 설교자가 아니라, 하나님과 동행할 뿐 아니라 은혜의 성령께서 그들 안에 심으신 선함을 고스란히 삶으로 드러내는 신실한 그리스도인이었다고 합니다.

이런 거룩한 사람들은 그리스도의 형상을 닮도록 끊임없이 그리스도를 앙망하는 사람들입니다. 그 얼굴에 거룩한 영광이 빛날 때까지 하나님의 산에 머물렀던 사람들입니다.

은밀한 곳에서 하나님의 임재 앞에 무릎 꿇을 때 하나님께서 우리에게 주시는 선물은 변화된 삶만이 아닙니다. 하나님의 능력이 드러나게 됩니다. 하나님과 대면한 모세가 시내산에서 내려왔을 때, 이스라엘 백성들이 제대로 바라보지 못할 정도로 그의 모습은 영광스럽게 변모해 있었습니다.

하지만 그의 손에는 언약의 돌판도 들려 있었습니다. 하나님께서 이스라엘 백성을 위해 모세에게 전해 주신 것으로서 정돈되고 확실한 맹세의 언약이었습니다. 하나님과 대면한 모세의 기도로 말미암아 하나님의 언약이 주어지고 말씀이 기록되었으며 백성들은 구속 받은 백성으로 살아갈 영예를 누렸습니다. 우리의 기도를 통해 하나님의 능력이 드러납니다.

존 넬슨은 누군가 존 웨슬리를 그 당시 유명한 설교자와 비교하며 안 좋게 평가하는 것을 듣고는 이렇게 말했다고 합니다. "하지만 그 사람은 존 웨슬리만큼 기도실에 오래 머무르지 않았습니다."

기도 가운데 날마다 하나님 앞에 머무는 것이야말로 하나님의 능력을 삶으로 드러내는 확실한 보증입니다. 기도하기를 평생 사모하십시오.

08 기도와 응답

기도의 능력을 경험한 자들만이 기도의 강력한 힘과 영향력을 믿을 수 있다. 간절히 소원하는 일이 생길 때 기도하는 것은 매우 중요하다. 간절히 기도하며 충분히 하나님의 음성을 들을 때마다 하나님께서는 내가 기도한 것보다 더 많은 것을 주셨다. 하나님은 때로 우리의 기도에 응답하는 일을 미루시지만 결국에는 응답하신다.
- 마르틴 루터

헬라 교부들은 하나님과의 교제를 통해 얻는 개인적인 유익을 이해하기 쉽도록 보여주기 위해 거대한 범선에 묶여 있는 작은 보트의 비유를 들어 설명하곤 했습니다. 줄을 연결해 당기면 범선은 너무 커서 꿈쩍도 안 하지만 보트는 즉

시 반응을 보인다고 설명했습니다. 분명 교부들은 '작용과 반작용의 역학관계', 즉 두 물체가 서로에게 미치는 힘은 항상 크기가 같고 방향이 반대라는 사실을 알지 못했거나 알더라도 잊고 있었을 것입니다. 작은 보트나 범선에 가해지는 힘은 같습니다. 그러나 범선은 워낙 크기 때문에 작은 보트가 움직이는 것만큼 그 움직임이 분명하게 드러나지 않을 뿐입니다.

기도도 마찬가지입니다. 믿음으로 깊고 뜨겁게 기도하면 할수록 하나님으로부터 오는 선물 또한 큽니다. 앞에서도 보았듯이, 기도로 말미암아 우리는 강렬한 은혜를 경험합니다. 또한 믿음으로 드린 간구에는 직접적인 응답들이 있습니다.

응답을 지켜보라

만일 구해 놓고 응답을 기대하지 않는다면 기도에 대한 우리의 개념이 총체적으로 잘못되어 있는 것입니다. 트레일은 이렇게 말합니다. "사람들은 진심으로 구하기보다 어떻게 하면 빨리 구할까를 생각합니다. 기도를 통해 무엇을 받게 될지를 생각하지 않는 것이야말로 기도를 하찮게 여긴다는 확실한 표시입니다."

리처드 십스도 같은 의견을 피력하며 이렇게 쓰고 있습니다. "우리는 매일 기도하며 지켜보아야 합니다. 하나님의 말씀과 약속을 통해 우리의 간구를 힘 있게 올려드려야 합니다. 그리고 우리의 기도가 얼마나 정확히 응답되는지 확인해야 합니다. 화살을 쏘면 그 화살이 어디로 떨어지는지 지켜보게 되는 것처럼 말입니다. 배를 바다로 내보냈으면 그 배가 돌아오기를 기다리는 것처럼 말입니다. 씨앗을 심었으면 가을에 풍성한 수확을 기대하는 것처럼 말입니다. 기도해 놓고도 소망하며 기다리지 않는다면 그것은 불신앙입니다. 신실한 그리스도인이라면 기도하고 기다리며 하나님의 약속을 붙들고 마음을 강하게 해야 합니다. 기도하기를 멈추지 않고 하나님께서 은혜에 따른 응답을 주실 때까지 하나님을 바라보아야 합니다."

기도 응답이 지연된다면 우리의 소원이 하나님의 뜻에 맞는지 자신을 살펴보아야 합니다. 그리고 하나님의 뜻에 맞는다면 계속해서 '기도에 항상 힘써야' 합니다.

벵겔은 이렇게 말합니다. "믿음이 있는 사람은 하늘 아버지께서 그 기도에 응답하실 때까지 기도의 자리를 떠나서는 안 됩니다."

조지 뮬러도 오랫동안 응답받지 못한 어떤 영적 축복을 위해 29년 동안 매일 같이 기도할 수 있었다는 사실에 용기를 얻었다고 말한 적이 있습니다. "집에서나 밖에 나가서나, 본국에 있거나 다른 나라에 있거나, 건강하거나 아프거나, 아무리 바빠도 나는 하나님의 도우심으로 매일 매일 이 문제를 하나님 앞에 내려놓을 수 있었습니다. 그리고 지금도 여전히 응답을 받지 못했습니다. 하지만 계속해서 구하고 있습니다. 확신을 가지고 기대합니다. 하나님께서 나로 하여금 29년 동안 매일같이 한 해도 거르지 않고 끈기 있게 믿음을 가지고 축복을 기다리게 하셨다는 사실만으로도 더 오래 기다릴 수 있는 용기가 생깁니다. 그리고 하나님께서 내 기도를 분명히 들으셨다는 확신이 있기 때문에 궁극적으로는 받게 될 그 온전한 응답이 오기 전에 미리 하나님께 찬양을 올려드리곤 합니다."

기도가 응답되지 않을 때

하나님 뜻대로 드린 기도가 과연 응답될 것인가 의심해서는 안 됩니다. 그 기도에 대해 우리가 확신할 수 있는 근거가 바로 하나님의 말씀과 그리스도의 이름이기 때문입니다(참조, 민 23:19, 렘 33:2-3, 합 2:3, 요 14:14, 요 16:23).

하지만 우리가 쉽사리 확신을 하지 못하는 데에는 많은 이유들이 있습니다. 먼저 확신을 가지기 위해서는 하나님의 뜻 가운데 분명히 서야 하는데 그러지 못할 때가 많습니다. 다시 말해 하나님의 뜻과 합일하지 않을 때 우리의 기도는 대부분 응답받지 못하게 됩니다.

모세는 이스라엘 백성들과 함께 요단강을 건너고자 하나님께 간구했습니다. 하지만 하나님은 그에게 "이 일로 다시 내게 말하지 말라"(신 3:26)고 말씀하셨습니다. 바울은 하나님께 육체의 가시를 제거해 달라고 세 번이나 간구했습니다. 하지만 돌아오는 대답은 "내 은혜가 네게 족하도다"(고후 12:9)였습니다.

주님이 사랑하시는 제자 요한은 우리에게 형제들의 구원을 위해 기도하라고 독려합니다(요일 5:16). 하지만 이런 거룩한 의무를 행할 때 '사망에 이르는 죄'도 있음을 일깨워줍니다. 분명 이런 죄 앞에서는 기도도 효력을 발휘하지 못할 것입니다.

그러므로 우리는 진실로 리처드 십스의 다음과 같은 조

언을 유념하고 신중히 기도해야 합니다. "무엇이든 하나님의 자녀에게 유익한 것이라면 받게 될 것입니다. 왜냐하면 그들을 천국으로 인도하는 것이라면 무엇이든 그들의 것이기 때문입니다. 따라서 가난이 유익한 것이라면 가난하게 될 것입니다. 수치나 십자가가 유익한 것이라면 수치를 당하고 십자가를 지게 될 것입니다. 무엇이든 우리를 가장 영화롭게 하는 것을 갖게 될 것입니다."

날마다 베푸시는 복을 바라며 기도할 때 때로 성령님의 특별한 중보하심을 느낄 때가 있습니다. 이것은 우리의 기도를 하나님이 기뻐하신다는 보증이 됩니다. 하지만 우리의 본능적인 욕구와 성령님의 도우심을 혼동하지 않도록 조심해야 합니다. 오직 눈이 성하여 온몸이 밝은 사람만이 육체의 욕구와 성령의 감동하심을 분명하게 구별할 수 있습니다. 이런 충고에 귀기울여 우리는 얼마나 간절히 간구하고 있는지 자주 살펴야 합니다.

존 리빙스턴의 개인 수첩에는 이렇게 적혀 있습니다. "기도가 끝나면 나는 내가 기도한 내용을 다시 한 번 되씹어본다. 그리고 그 기도가 정말 하나님의 뜻에 합당한지, 하나님이 약속하신 복인지 또 그 일이 정말 이루어지기를 바라는지 확인해 본다."

아우구스투스 토플레디는 더 직설적으로 이렇게 말합니다. "내가 기억하고 믿는 한, 나는 한 번도 내 기도가 이루어지지 않을 거라고 생각한 적이 없다. 물론 내가 아는 한 응답되지 않은 기도도 단 한 번도 없었다."

우리에게 보장된 것

우리가 기도로 간구하는 것 가운데 하나님께 짐스러운 것이 있을까요? 2세기의 철학자 티레의 막시무스는 선과 평화, 그리고 소망 가운데 죽음을 맞이하는 것 외에는 어떤 것도 신들에게 구하지 않겠다고 선언했습니다. 하지만 그리스도인인 우리는 우리에게 필요한 모든 것을 하나님께 구해야 합니다. 그렇게 구할 자격이 자녀인 우리에겐 충분합니다. 단지 우리의 욕망을 살피고 우리의 기도가 이기적으로 편향되지 않게 경계할 것만 제외하면 말입니다.

주기도문에 나타난 간구의 내용이 가장 권장할 만합니다. 일용할 양식과 용서와 죄로부터의 구원으로 단순하게 요약되어 있습니다만 이 내용 안에는 우리의 삶과 거룩함에 관련한 모든 것이 포함되어 있습니다.

우선 하나님은 우리를 좋은 음식으로 먹이십니다. 만일 하나님께서 우리를 굶주리게 하신다면 그것은 우리의 영혼을 풍성하게 하기 위함입니다. 하지만 사람은 빵으로만 살지 않습니다. 건강과 안락함, 가정에서 누리는 즐거움, 지식을 얻는 기쁨, 이 모든 것을 우리는 당당하게 구할 수 있습니다. 하나님께서 보시기에 우리에게 좋은 것이라면 반드시 주십니다. 하지만 하나님께서 우리의 거듭된 요구를 막으시고 우리의 기도를 받기 거부하신다면 우리는 온 인류를 구원하신 예수님의 기도로 응답해야 합니다.

"아빠 아버지여 아버지께는 모든 것이 가능하오니 이 잔을 내게서 옮기시옵소서 그러나 나의 원대로 마시옵고 아버지의 원대로 하옵소서"(막 14:36).

삶에 곤고한 날들이 계속되고 그로 인해 우리의 영혼이 고갈되고 있음을 느낄 때 우리는 다른 무엇보다 하나님께 나아가 영적 축복을 구해야 합니다. 제임스 길모어는 영적 침체로 고민하면서 기도에 관한 조언을 구하는 사람에게 이렇게 편지했습니다.

"기도에 대해 제가 아는 바는 그저 하나님께 나아가 내가 원하는 것을 고하고 허락해 달라고 간청하는 것입니다.

'구하라 그리하면 너희에게 주실 것이요 찾으라 그리하면 찾아낼 것이요'(마 7:7). 이 비밀 외에는 아는 것이 없습니다. 다시 말하지만, 영혼이 소성되기를 원하면 하나님께 직접 나아가 예수님의 이름으로 곧바로 아뢰십시오. 영혼의 소성은 스스로 감당할 수 있는 일이 아니고 다른 사람이 도와줄 수 있는 것도 아닙니다. 친애하는 형제님, 제가 배운 바로는 가장 풍성한 은혜는 예수님의 이름으로 하나님께 직접 나아가 필요한 것을 아뢸 때 얻게 됩니다."

스코틀랜드의 위대한 설교자 사무엘 러더포드는 자신이 일 년 동안 받은 은혜보다 기도하며 보낸 어느 날 오후에 받은 은혜가 더 컸다고 증언한 적이 있습니다. 목회 중 아내와 사랑하는 두 아들을 잃은 러더포드는 어느 날 앤오트 숲에서 이틀 동안 기도하면서 하나님으로부터 '예수 그리스도의 은총을 입은 사역자'라는 새 이름을 받았습니다. 하나님과 홀로 대면한 자리에서 간절히 무릎을 꿇은 결과 하늘의 세례를 받고 불의 언어로 말씀을 증거하는 사역자로 다시 태어난 것입니다.

하나님의 모든 창고의 문은 믿음의 목소리가 들리는 곳에서 날마다 열립니다. 신실한 그리스도인의 기도는 언제나 응답이 보장되어 있습니다.

30분 늦어진 저녁 식사

17세기 독일에서 일어난 경건주의 운동은 종교개혁 이후 침체에 빠진 교회에 새로운 활력을 가져다주었습니다. 그 가운데 할레 지역에서 목회자로 그리고 대학교 교수로 사역했던 아우구스트 프랑케 박사는 교회뿐 아니라 독일 사회 전반에 선한 영향력을 끼친 인물입니다. 그가 할레에서 시작한 고아원 사역과 관련한 유명한 일화가 있습니다.

고아원 사역은 결코 만만치가 않았습니다. 언제 어디서 어떤 일이 터질지 몰랐고 그때마다 매번 목돈이 들어갔습니다. 어느 날 또 한번 큰 돈이 필요한 상황이 생겼습니다. 100달러(당시 화폐 가치로는 매우 큰 돈입니다)가 있어도 고비를 넘기기 힘들 것 같았습니다. 하지만 그에게는 1센트가 생길 가능성도 없었습니다. 운영을 책임지는 집사가 들어와 당장 지불해야 할 액수를 알려주었습니다. 프랑케는 그에게 저녁식사 후에 다시 오라고 말했습니다. 그러고는 하나님께 도움을 청하기로 했습니다.

저녁 식사 후 집사가 다시 왔을 때, 여전히 부족한 돈은 그대로였습니다. 프랑케는 그에게 밤에 다시 오라고 했습니다. 그 사이 친구 한 명이 찾아왔습니다. 그는 친구와 함께 기도했습니다. 그때 마음에 감동이 일어 하나님께서 태초부터 지금까지 사람들을 얼마나 사랑하셨는지에 대해 찬양을 드리고 싶어졌습니다. 찬양하며 기도드리는 동안 하나님의 은혜가 계속 떠올랐습니다. 어찌나 기쁘게 찬양을 드렸던지 그날 필요한 돈을 주시라고 간구하는 것도 잊을 정도였습니다.

그러다 친구가 기도를 마치고 일어서기에 함께 일어나 문으로 갔습니다. 문 밖에 집사가 서 있었습니다. 손에는 필요한 액수의 돈이 들려 있었고 그 옆에는 고아원 사역을 위해 150달러를 헌금하러 온 사람이 서 있었습니다.

애쉴리 다운에서 조지 뮬러가 운영한 고아원 이야기도 우리에게 기도의 응답에 관한 교훈을 제공합니다. 조지 뮬러 역시 고아원을 운영하느라 목돈이 필요한 경우가 많았고 그로 인해 매번 믿음의 시련을 겪은 것으로도 잘 알려져 있습니다. 그 중에서도 가장 혹독했던 시기를 회상하며 뮬러는 이렇게 고백했습니다. "그 시절의 사건에서 단 한 가지 불편한 점이 있었다면 기도의 응답을 기다리느라 저녁

식사가 평소보다 약 30분 정도 늦어졌다는 것뿐입니다. 정말이지 제가 기억하기로 그런 일은 처음이었고, 그 전에도 없었고 그 후로도 없었습니다."

스코틀랜드 출신의 윌리엄 퀴리어도 브리지 오브 웨어에 있는 고아원을 오랫동안 운영했습니다. 지출할 돈은 점점 느는데 들어오는 돈은 한계가 있어서 매달 운영에 필요한 재정 상태를 확인해야 했습니다. 그러다 지출보다 수입이 적어 장부에서 차액이 발생하면 동료들을 불러 기도하게 했습니다. 그러면 여지없이 부족한 금액이 채워졌습니다. 그가 생을 마감할 즈음에 고백하기를 자신은 한 시간도 빚을 져본 적이 없다고 했습니다.

스펄전은 이렇게 외쳤습니다. "고아들에게 응답하신 하나님이야말로 진정한 하나님이시다."

세상을 뒤흔든 기도

지금까지 든 예들보다는 조금 덜 생활 밀착형이긴 하지만 그에 못지않게 분명한 하나님의 응답이 있습니다. 바로 하나님의 나라가 이 땅에 이루어지기를 구한 믿음의 기도에 대한 응답입니다. 이에 대해 제대로 다루려면 전체 교회 역사를 아울러야 할 것입니다. 내용 분량도 이 작은 책의 끝부분이 아닌 첫 부분부터 시작해야 맞을 것입니다. 수많은 사건들이 꼬리에 꼬리를 물고 떠오르지 않습니까?

고기잡이 어구와 쟁기질로 손이 거칠어진 '무식하고 배우지 못한 몇몇 사람들'의 기도로 '세상이 발칵 뒤집혔습니다.' 그리고 예수 그리스도의 이름이 로마의 명성보다 더 멀리 퍼져나갔습니다.

다소에서 장막을 만들던 사람의 기도로 타락한 고린도인들이 정결해지고 믿음을 갖게 되면서 서구 기독교의 기틀이 놓였습니다. 그리고 예수 그리스도의 이름이 네로의 궁전 안에 높이 울려 퍼졌습니다.

스코틀랜드 해변가 많은 불모의 섬들에 있는 폐허가 된 비좁은 방들을 보면, 칼레도니아를 그리스도께 내어드리기 위해 몇 주 혹은 몇 달씩 기도하고 금식하던 켈틱 선교사들이 생각납니다.

마르틴 루터와 동료들의 기도는 끊임없이 복음의 위대한 진리에 천사의 날개를 달아 유럽으로 날려 보냈습니다.

오스트리아의 소도시 갈노이키르헨에서 대부흥운동이 일어나기 전, 마르틴 부스는 몇 시간이고 몇 날이고 밤낮으로 외로운 중보기도를 계속했습니다. 그런 후 마침내 그가 입을 열어 설교할 때, 그의 말은 불꽃이 되었고 사람들의 마음은 옥토가 되었습니다.

카나번셔 클린녹에서 행한 로버트 로버츠의 설교로 웨일즈에 대각성운동이 시작되었습니다. 그의 설교를 듣고 수백의 사람들이 감동을 받았습니다. 며칠 후, 설교자의 친구인 존 윌리엄스가 찾아와 이렇게 말했습니다. "로버츠, 어디서 그렇게 훌륭한 설교를 구했나?" 로버츠는 "이리 와 보게, 존"이라고 말하며 그를 작은 방으로 데리고 가더니 이렇게 말했습니다. "자네가 말한 그 설교를 발견한 곳이 바로 여기네. 여기 마루 위에서 밤을 꼬박 새며, 이리 저리 왔다 갔다 하며, 때로는 하늘만 보며 그 설교를 썼다네."

지금 기도하라

모든 일이 그렇습니다. 많은 사람을 의의 길로 인도한 사람은 아침 일찍부터 밤늦게까지 '기도'라는 무기를 들고 애쓴 사람들입니다.

"끊임없이 만족할 줄 모르고 영혼의 대화를 욕심냈던" 조지프 얼라인에 대해 이렇게 전해집니다. "그는 건강하던 시절에는 4시 혹은 그 이전에 일어났습니다… 오전 4시부터 8시까지 기도와 경건한 묵상과 시편으로 찬송하며 시간을 보냈습니다. 그 시간들을 통해 큰 기쁨을 누렸습니다… 어느 때는 빈 곳이나 한적한 장소만 있으면 일상적인 교구 사역도 중단한 채 하루 종일 비밀스런 기도의 일에 집중했습니다."

요크셔의 윌리엄 그림쇼에 대해서는 이렇게 전해집니다. "그는 늘 습관적으로 이른 아침에 일어났습니다. 겨울에는 5시, 여름에는 4시에 일어났습니다. 그리고 하루를 하나님과 함께 시작했습니다."

조지 휫필드는 종종 밤을 꼬박 새우며 묵상과 기도를 했고 또 자다가도 일어나 죽어가는 영혼들을 위해 기도했습니다. 그는 이렇게 말합니다. "나는 하루 종일 또 일주일 내내 바닥에 쓰러져 침묵 가운데 혹은 소리 내어 하나님께 기도했다."

페이슨의 전기 작가는 "기도는 페이슨의 인생에서 가장 중요한 일이었다"고 말합니다. 페이슨 자신도 '말할 수 없는 탄식으로' 기도할 줄 모르는 그리스도인들이 가장 불쌍하다고 단언하곤 했습니다. 또 그는 늘 무릎을 오래 꿇고 있기 때문에 무릎이 닿는 딱딱한 나무 바닥이 닳아 있었다고 합니다.

한 마디로, 하나님 나라에서 행해지는 모든 은혜로운 역사는 기도로 시작해서 기도로 끝난다고 할 수 있습니다.

1905년 어떤 사람이 에반 로버츠에게 물었습니다. "이러한 부흥의 비밀이 무엇입니까?" 그가 대답했습니다. "비밀은 없습니다. 그저 '구하고 받은 것'입니다."

나가는 글

하나님은 우리의 기도를 기다리십니다. 우리가 그분 앞에 나아오기를 바라실 뿐 아니라 우리 마음에 담긴 온갖 비밀한 것들을 귀기울여 듣기 원하십니다. 그 이유는 단 하나, 우리가 그분의 자녀이기 때문입니다.

하나님의 자녀인 우리를 하나님이 사랑하지 않으실 리가 없습니다. 우리를 자녀로 삼기 위해 하나님께서는 독생자 예수 그리스도를 십자가에 죽게 하셨기 때문입니다. 예수 그리스도의 십자가 죽으심과 부활하심, 그리고 승천하심을 대반전의 정점으로 삼아 우리는 하나님의 자녀가 되었고 자녀인 우리의 기도가 아버지 되신 분께 상달될 수 있는 길이 마련되었습니다. 그러니 어찌 그 놀라운 기도의 능력을 내버려두고 방치할 수 있겠습니까?

만일 우리가 감당하기 어려운 큰일을 겪고 있거나 심한 고통 중에 있다면 그것으로 인해 기도의 은밀한 곳으로 나아가기가 수월할지 모릅니다. 어떻게든 피할 길을 찾으려는 우리의 본능적인 반응이 있을 테니 말입니다.

오히려 관건은, 우리가 어떤 이유로든 평안하다 말할 때나, 삶에 아무런 변곡점이 없을 정도로 무탈할 때 기꺼이 하나님 앞에 나아갈 수 있느냐일 것입니다. 아무일이 없어도 우리는 날마다 새벽을 밝힐 수 있을까요? 이 세상에서 사는 게 무엇보다 좋다고 느낄 때 하나님을 찾을 수 있을까요? 어떤 형편에서든 기도를 쉬지 않고 하려면 우리에겐 무엇이 더 필요할까요?

하나님을 더 깊이 아는 것, 하나님 앞에 나아갔을 때 더 많은 기도의 응답을 경험하는 것, 하나님 앞에 나아가 은밀한 기도를 일삼은 결과 우리 삶에 풍성한 기도의 열매가 맺히는 것을 몸소 체험할 때입니다. 그렇기에 기도는 습관이고 일상이 되어야 합니다. 기도가 우리의 성품을 빚을 때에야 비로소 우리는 기도의 사람이 됩니다.

그것을 위해 날마다 고단한 기도를 연습하십시오. 하나님으로부터 나올 기도의 풍성한 것들을 바라십시오. 기도의 숨겨진 삶이 어떠한 맛과 기운을 돋을지 기대하며 나아가십시오.

▽ ▽ ▽

기도로 하나님 앞에 나아가기 전에 다음을 숙지하십시오. 무엇보다 기도하는 우리의 마음이 하나님께 향해 있는지 확인하십시오. 그렇지 않은 경우, 기도에 수고한 만큼 열매나 응답이 없을 수 있고 낙심의 원인이 될 수 있습니다.

기도 시작하기

1. 먼저 개인 기도 시간을 확보하십시오.
2. 조용한 장소를 찾아서 잠잠히 하나님을 기다리십시오.
3. 중요한 것은 몸의 자세가 아니라 마음의 자세입니다. 정직한 마음과 바른 의도, 믿음을 가지십시오.
4. 이제껏 받은 은혜를 기억하며 하나님께 감사와 찬양으로 경배 드리십시오.
5. 마음을 깨트려 하나님 앞에 구체적으로 죄를 고백하십

시오. 이때 진실한 신자들은 사탄은 흉내낼 수 없는 징표인 슬픔을 느끼고 눈물을 흘리게 될 것입니다.
6. 믿음을 가지고 구할 것들을 열심히 구체적으로 아뢰십시오.

영혼을 위한 경고 표시등: 낙심

한번 낙심한 사람들이 다시 기도의 은혜를 맛보기 위해서는 이전보다 더 많은 노력이 필요합니다. 기도는 습관이 되어야 합니다. 습관이 영성이 되고 영성은 능력으로 나타납니다. 다음 사항을 통해 우리 내면의 상태에 경고등이 들어오지는 않을지 점검해 보십시오.

1. 시간에 쫓기듯 살아간다. 하루가 48시간이면 좋겠다. 도무지 기도할 시간이 없다.
- 기도할 시간은 저절로 생기지 않습니다. 자신의 즐거움이나 이득이 될 만한 일을 포기함으로써 시간을 만들어 보십시오.
2. 기도해 보았지만 소용없더라. 지금은 포기 상태이다.
- 하나님은 우리의 기도에 반드시 응답하시는 분입니다.

의심이 든다면 미리 감사를 드려보십시오.

3. 나는 하나님께 내놓은 자식 같다. 과연 내 기도를 들어주실지 의문이다.
- 하나님께서는 우리의 솔직한 기도에 귀기울이시는 분입니다. 마음을 열고 담대하게 나아가십시오.

4. 기도를 하려고 눈을 감으면 말문이 턱 막힌다.
- 성경에서 기도를 끊임없이 강조하는 이유는 기도가 고된 일이기 때문입니다. 그러므로 평소에 기도 훈련을 통해 습관처럼 일상화 해야 합니다.

이 세상은 공중의 권세 잡은 자들이 기도의 영을 대적하는 데 전력을 쏟고 있습니다. 그러니 늘 깨어서 기도의 줄을 붙드십시오.

1. 하나님과 기도의 교제를 통해 맺고 싶은 열매를 적어보십시오.

2. 하나님께 드리는 기도의 결과로 얻고 싶은 응답을 적어 보십시오.

_____

_____

_____

_____

_____

_____

_____

_____

_____

_____

_____

_____

세월이 흘러도 변함없이 좋은 책 8
기도의 숨겨진 삶

초판 1쇄 발행 2011년 9월 8일
재조판 1쇄 발행 2023년 5월 20일

지은이 데이비드 매킨타이어
옮긴이 이선숙
펴낸이 신은철
펴낸곳 좋은씨앗
출판등록 제4-385호(1999. 12. 21)
주소 서울시 서초구 바우뫼로 156, MJ 빌딩 402호
전화 2057-3041 팩스 2057-3042
페이스북 facebook/goodseedbook
이메일 good-seed21@hanmail.net

ⓒ 좋은씨앗, 2011
ISBN 978-89-5874-387-3 03230

이 책에 실린 모든 내용의 저작권은 도서출판 좋은씨앗에 있습니다. 신저작권법에 따라 보호받는 저작물이므로 무단 전재와 복제를 금합니다.